Easy to Understand Taiwan History

一本就懂台灣史

新修訂版

台灣史原來如此
生動易懂！

王御風——著

輕鬆掌握 25項台灣史大事件 46則台灣人生活故事 30位改變台灣的人物

好讀出版

目錄

第二篇：食衣住行育樂

食

衣

住

行

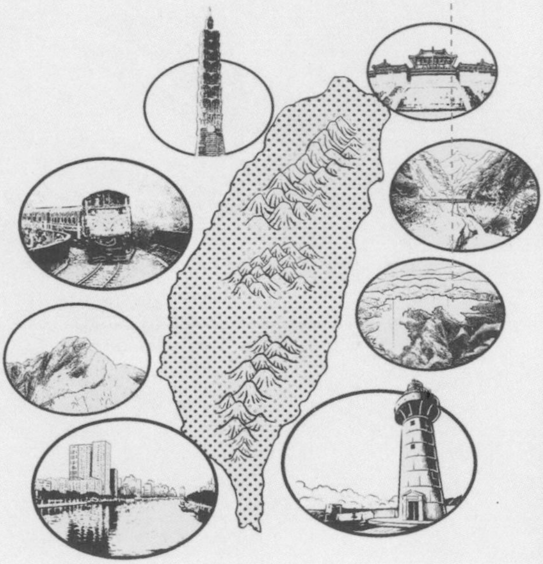

育

樂

第三篇：不可不知的台灣史人物

序文：台灣的大歷史與小歷史

文／王御風

歷史的書寫，隨著書中「主角」不同，而有極大分野。傳統歷史書寫，所撰寫者多爲國家大事、帝王將相，有名的《資治通鑑》就告訴你這本書是要給帝王施政做參考。一直到現在，許多商學院提起歷史，總是從「帝王學」著手，看皇帝、大臣如何治理國家，做爲公司CEO的參考，至於平民百姓，那就很抱歉，皇帝或CEO們沒工夫管這麼多了。

於是，庶民當自強。另一種歷史書寫，則是以民眾爲出發點，撰寫與一般民眾息息相關的生活事物，周遭事物點點滴滴的演進，例如電燈如何被發明、如何普及；我們喜愛的小吃、受歡迎的飲料是怎麼來的，或是小區域的發展史，大家至此恍然大悟，原來歷史就在你身邊。

爲了分類方便，我們稱前者爲「大歷史」，後者爲「小歷史」。台灣史的研究，近年來也是兩者並重，因爲台灣統治者經常輪替，政治對於台灣影響相當大，尤其是各政權帶來的不同文化，讓庶民生活與文化常常變動，雖因書寫上「主角」不同而難以完全兼顧，但近幾年小歷史的研究越發蓬勃，亦開拓了台灣歷史的視野。

本書就是將近些年來「大歷史」與「小歷史」的研究成果融會於一書，希望能用最簡單的方式，讓大家在最短時間內，對台灣史形成一整體概念。爲兼顧「大歷史」與「小歷史」，全書分爲三個單元：分別是偏重政治的整體台灣史、人物及生活史，如此可避免書寫上「主角」轉換的困難，也更希望能藉此書來引發大家對台灣史的興趣，在閱讀本書後，可循書後的參考書目，進入台灣史的世界，得以對台灣史有更深入的瞭解。（本書爲讀者閱讀方便，故無註釋，相關參考書籍列於書末，特此說明。）

第1篇

台灣史大事件

台灣這塊土地，從荷蘭時期開始，歷經荷蘭、明鄭、大清、日本、中華民國等五個政權統治，大約每隔五十年就迎來一次政權更替，每個政權發展目標又不相同，難怪台灣史既複雜又難懂。

導論：政權流變與社會脈動

在「本土化」風潮下，台灣史從一九九〇年代開始受到矚目，不僅研究者增加，亦對台灣史的瞭解更爲清晰，也更加複雜。如何能在短短時間內，掌握台灣史的脈絡，是本單元的首要目標。而政權流變尤是其中關鍵。

執政者對於台灣發展有深遠影響。台灣同樣的地理環境、資源，卻在不同執政時期而有不同發展，這就是執政者「策略」不同所致。如果無法瞭解執政者的「策略」，對於台灣史就會暈頭轉向。尤其是台灣這塊土地，從荷蘭時期開始，歷經荷蘭、明鄭、大清、日本、中華民國等五個政權統治，大約每隔五十年就迎來一次政權更替，每個政權發展目標又不相同，難怪台灣史既複雜又難懂。

那麼，這些台灣的執政者對於台灣的發展藍圖是什麼呢？後面單元會更詳細討論，在此先提綱挈領略述，以方便後面閱讀：

第一個來到台灣的現代政權是荷蘭，他們從西方遠至東方，主要是爲了貿易，而台灣就是想要發展對中國貿易的據點，因此荷蘭對台灣的一切都從「商業」出發。所以他們發展中、日、台三角貿易，引進漢人在台灣發展農業，都是爲了提供盈餘給荷蘭總公司，但也於不知不覺中形塑了台灣未來發展藍圖。

第二個來到台灣是明鄭。明鄭從頭到尾都是與大清對抗的軍事政權，因此對台灣的建設皆是以軍事考量，如何建設成一個與大清抗衡、自給自足的基地，於是有官兵的屯田，而且在「反清復明」原則下，將大明政治、社會帶來台灣，奠定台灣的漢人文化。

擊敗明鄭、入主台灣的是大清。大清大部分對台策略是「消極治台」，因爲大清是陸上政權，攻下台灣原本要清空全島後放棄，然在施琅力薦，表示會被他國占領後才作罷。但大清對台灣並不主動建設，不僅不准大陸人民來台，連城牆也不興築。而福建、廣東當地人多田少，爲生計起見，大批偷渡來台，趕走原居住於平地的平埔族，形成一個以豪強爲主的台灣社會。

大清對台灣的態度，直到一八六○年代台灣開港，引外商勢力進入後才加強建設，但爲時已晚，一八九五年《馬關條約》，大清割讓台灣給日本，日本成爲台灣新主人。

台灣是日本殖民地，因此日本對台建設策略是以母國日本出發，初期是「工業日本、農業台灣」，台灣以發展糖、米爲主，後期日本開始侵略亞洲其他國家，台灣成爲日本重要基地，轉爲「皇民化、工業化、南進化」，積極建設台灣工業，然隨即大戰結束，中華民國政府來台。

中華民國政府於一九四五年接收台灣時，猶是世界四強之一，但短短四年，一九四九年中國大陸爲中國共產黨占有，中華民國政府只好撤退來台灣，靠著美援與中共隔海對峙。中華民國政府來台初期是以「反共大陸」爲主，以外省官僚系統配合美援發展，成爲美國陣營的「亞洲四小龍」之一。而後隨著反共美夢不再，開始進行本土化，並配合解嚴及修憲，成爲眞正的民主國家，政權隨著四年一次選舉決定，也是華人社會中的首例。

事件一

台灣原住民從哪來

講起台灣歷史，很多人會從一六二四年荷蘭人來台起算，導致認爲台灣史約僅四百年的錯覺。實際上，早在荷人來台之前，台灣島上就已經有原住民在此活動，且有漢人海盜在此設立基地。但這兩者均未留下太多記錄，台灣原住民沒有文字，兼之海盜不太被官方歷史所記載，遂讓擁有現代行政體系的荷蘭時期成爲台灣歷史的起點。

如果我們將歷史定位爲以往事物的記錄及詮釋，在荷蘭人來台之前，原住民歷史的確因缺乏文字而難以詮釋，幸有許多學者細研語言、傳說，從中漸進勾勒出他們的形象，大致理解他們社會的脈動。

台灣原住民是「南島民族」的一支，語言屬於「南島系」語言的各族均爲「南島民族」，他們分布廣泛，主要在太平洋、印度洋的一些島嶼中，包括菲律賓、印尼、馬來西亞、夏威夷、紐西蘭、台灣等。所以時常會在新聞上看到，台灣原住民某一族群與菲律賓或紐西蘭原住民所驗出之ＤＮＡ存有高度相似，這當然源於彼此確屬相同族群。

所謂的「南島民族」有幾項特徵：一是擅長航海，此讓他們的後裔能橫跨廣大區域。二是未創文字，使得大家對其歷史發展一無所知。也因此，這個在世上分布廣泛的民族，究竟起源何處？如何遷徙？爲何遷徙？至今仍陷一團迷霧。

許多學者投入解謎工作，其中有一派主張，語言種類愈是分歧、多元的地區，愈有可能是起源地。其分布區域內，族群與語言最多元者即是台灣，故有專家主張，這個分居全球的民族，就是以台灣爲起點往外遷徙。

事實是否如此，尚需更充分

引據證明。但台灣原住民確實分為許多不同族群，且經歷過荷蘭、漢人、日本等一波波外來族群與殖民者，他們的居住地域，與如今多半居於山區大不相同。

荷蘭來台以前，原住民居住範圍不僅僅於山區，猶包括廣大平原，研究者據此將其粗分為「平埔族」與「高山族」。「平埔族」指的便是居於平地的原住民，唯從荷蘭來台後，他們就開始了悲慘的命運。荷蘭引進漢人，漢人陸續搶奪平埔族的土地，使得平埔族族群幾乎消失殆盡，僅留下一些名稱供追憶，如北部的凱達格蘭和南部的西拉雅、馬卡道。

實際上，清代平埔族在與漢人互動過程中，大量同化於漢人，因此今日生活於台灣的漢人多擁有平埔族血統。

而純正平埔族群所存不多，他們祭拜祖先方式與漢人明顯有異，平日不祀神像，主要祭祀的祖靈稱為「阿立祖」；為一祀壺民族，壺中裝水稱「平安水」；祭祀場所稱「公廨」，是精神所繫，亦是部落活動重心。

至於高山族，則因地形關係加上傳統的獵首風俗嚇阻漢人進入，以及清廷特意保護，使其免於像平埔族被全面同化。直到日本時期，日人覬覦台灣山中的物產，以「理番」政策強力進入山區，望

將高山族同化，最後在一九三〇年引發賽德克族的抗爭，釀成著名的「霧社事件」。

今日的原住民仍具有多族群的特色，目前獲政府認定者達十六族。仍有數個族群爲正名在努力，這些族群的語言及文化各有歧異特點，恰說明台灣乃是多元族群的島嶼，然可惜的是，原住民文化常淹沒在主流文化中而居於弱勢。

事件二

海盜與台灣

十六世紀的台灣，除原住民外，漸漸出現一批外來族群，包括來自歐陸的荷蘭、西班牙人，以及台灣附近的漢人和日本人。這些漢人多半是海盜，唯近年來隨著研究資料的出土，發現這群人不少乃是被迫爲盜，或在官方政策下不得不然，所以有很多人亦將其稱爲「海商」。

這些海商會在此時來到台灣，自有原因。台灣離中國雖近，但對中國而言，台灣缺乏中國商人需求的大批物產及資源，這些商人與原住民交易均屬少量；而島上原住民不僅語言不通又異常兇悍，亦阻絕了中國漁民到此捕魚的念頭，故漢人來此地活動者並不多。

既然如此，十五世紀到十六世紀期間，何以會有大批漢人海盜出現在台灣？這其實與大明實施「朝貢體制」有關。中國在宋、元時期，海上貿易相當發達，但到了大明（西元一三六八至一六四四

年），執政者認爲中國可自給自足，毋須仰賴海外貿易，加上中國瓷器、絲綢都是當時中國才能製造

的獨門生意，各國趨之若鶩，於是大明皇帝想出「貿易外交」的方式：要到中國買瓷器，得要跟中國稱臣朝貢。這種「貿易綁外交」的方式，被後來的學者稱之爲「朝貢體制」。

受朝貢體制影響最大者即是日本。不太願意稱臣的日本遭到中國實施貿易制裁，僅允「十年一貢」，也就是十年才能進行一次交易，這讓原本經營此生意的中、日商人生計出現問題；但「上有政策、下有對策」，日本商人搖身一變成了「倭寇」，與中國商人偷偷進行走私貿易。

這種違法的貿易方式，自然受到大明官軍追剿，形成以往在歷史書上常讀到的明代「倭寇」。有趣的是，走私貿易實爲中、日商人彼此往來，因此「倭寇」不僅指日本人，更含括很多中國人，就是前述所說的海盜。

這些中日海商，因於中國沿海地區遭戚繼光等大明官軍取締，遂轉而擇沿海附近島嶼做爲貿易基地。較靠近中國的島嶼，官軍依舊會出動追擊，於是海盜越走越遠，最後在台灣這座島嶼上設立基地。

在台灣設立基地的海盜，有幾位留下許多傳說，如林道乾等人

（其事蹟詳見人物篇），而最著名者首推李旦與鄭芝龍。李旦爲海盜集團領袖，其勢力橫跨日本、台灣、中國、東南亞，亦與當時進入亞洲的西班牙、葡萄牙、荷蘭等西方強權互有生意往來，荷蘭更是在其介紹下來到台灣，改變台灣的命運。鄭芝龍則是李旦手下的重要大將，李旦死後，鄭芝龍與李旦之子李國助鬧翻，結合台灣另一名海盜領袖顏思齊，奪取了李旦在台灣的基地，成爲台灣漢人海盜中最具實力者，也與當時來到台灣的荷蘭進行貿易。

鄭芝龍的雄心不限於台灣，後來他投誠大明，成爲福建水師（今日海軍）將領，其艦隊一統台灣海峽，成爲與台灣相關漢人海盜中最具權力者，但鄭芝龍隨後將焦點放在福建，對於台灣未多加關注，僅保持與荷蘭商業往來。

大清崛起，鄭芝龍被誘騙至北京軟禁，其軍隊多半由其子鄭成功繼承，而後台灣漢人與鄭成功聯繫合作終止了荷蘭在台政權。這些海盜的活動，可謂影響台灣深遠。

事件三

荷蘭人爲何來到台灣

一六二四年，荷蘭人於安平建立起在台第一個基地，日後逐步擴大，進而統一全台。荷蘭對台灣最重要的影響，就是帶來現代的政府組織，日後的明鄭、清代、日本、中華民國亦如此承續，故有人將荷蘭時期視爲台灣史開端。

荷蘭不遠千里東進是爲了發展貿易，要瞭解荷蘭爲何而來，必須先弄清楚「地理大發現」的歷史。十五世紀以前，世界歷史的主軸是在亞洲，不僅有席捲全球的蒙古帝國、科技發達的回教世界，中國還有西方世界夢寐以求的瓷器、絲綢，東南亞與印度也有讓食物更美味的香料。這些物品，樣樣都能

夠在歐洲賣得好價錢，但當時沒有人知道神祕的東方在哪裡？該如何去？這些物品全掌控在回教商人手中，回教商人靠著瓷器、絲綢、香料發了大財，直到位處歐洲角落的葡萄牙人想要打破這套規矩。

葡萄牙地處歐洲邊陲，無力與歐洲內陸強權競爭，唯一出路就是向海洋發展。葡萄牙人認爲，如果他們能夠找到印度和中國，直接購進香料、瓷器，免受回教商人的壟斷，必能大賺一票。這個思考方式後來證明是對的，也被後繼的西班牙、荷蘭、英國所承襲。於是葡萄牙人決心發展海權，並開始向非洲探索，認爲通過非洲就能抵達印度與中國，終於一四九七年由達伽瑪繞過好望角，抵達渴望已久的東方。

在尋找東方的過程，卻擦槍走火發現了新大陸。葡萄牙的鄰國西班牙，看到葡萄牙東向發展成果頗豐，也跟著召集冒險家尋找印度。航海家哥倫布主張印度與中國在西方，因此該往西航行，他將此想法告知葡萄牙皇室，期望可獲得資助，葡萄牙皇室認爲其看法錯誤駁回了提案。哥倫布遂轉向西班牙，成功爲西班牙皇室所接受。

接下來的故事眾人皆知，哥倫布往西航行，於一四九二年發現了新大陸。當哥倫布發現美洲新大陸之時，猶以為他的主張正確，船隊果真到了印度，便將這些島嶼稱為「西印度群島」。由於美洲新大陸富含白銀，當時中國又是以銀做為貨幣單位，使得日後西班牙能夠載運大批白銀到其亞洲基地馬尼拉（位菲律賓呂宋島），購進大批瓷器至歐洲販賣，奠定西班牙帝國最輝煌的時期，被稱為「白銀帝國」。

這般誤打誤撞的結果固然讓葡萄牙大嘆運勢不佳，卻仍照原訂計畫繞過好望角來到東方，開啟西方國家在東方的殖民時代。葡萄牙人為求能打開中國市場，賄賂了大明在廣東的官員，讓其占有一處小漁村：澳門。於是透過澳門，源源不絕的瓷器與絲綢從中國流出，帶給葡萄牙龐大利益。

一五二一年，麥哲倫首次繞行世界一周，開啟了上述美洲到亞洲的「大帆船航線」。葡萄牙人與西班牙人在世界各地廣設商業基地，將全世界的產品運回歐洲販售，此即我們現在所熟知「全球化」的原形。這改變不僅將葡萄牙與西班牙帶往國力顛峰，更是西方勢力壓過東方的黃金交叉點。

葡萄牙與西班牙的接連成功，讓更多歐洲國家躍躍欲試，以航海著稱的荷蘭與英國正是隨後加入戰局的兩個國家。當荷蘭商船首次克服航海障礙抵達東方，帶回的暴利讓全國陷入瘋狂，每個人都想要往東方發展，此亦間接改變了台灣的命運。

事件四

荷蘭征服台灣的過程

荷蘭人來到亞洲後，學習葡萄牙與西班牙設置據點，建立屬於他們的全球商業網絡。值得注意的是，荷蘭時期統治台灣的並非荷蘭本國，而是荷蘭於一六〇二年成立的「聯合東印度公司」（Verenigde Oostindische Compagnie，荷蘭文，簡稱VOC）；此組織雖稱之爲公司，荷蘭政府卻賦予其締約、築城、維持軍備、設立殖民地之權，權力幾與國家相同。「聯合東印度公司」總部設在巴達維亞城（今印尼雅加達），中國正是他們積極欲拓展的市場。

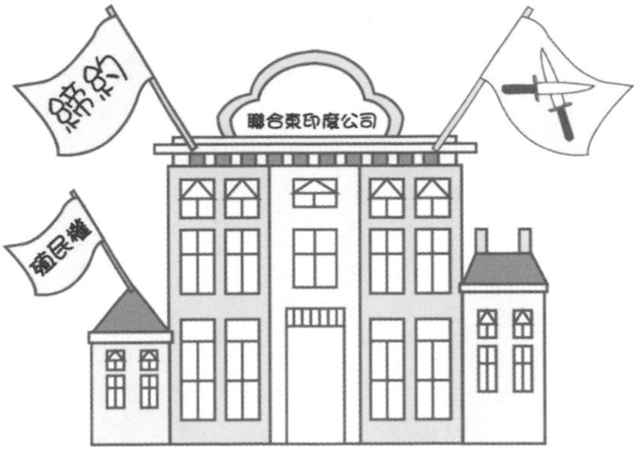

要如何前進中國？荷蘭想到的是「澳門模式」，跟葡萄牙一樣以澳門當根據地，同時希望將葡萄牙及西班牙趕出中國市場，由自己獨占。於是荷蘭的策略就是直攻澳門，取代葡萄牙。

一六〇四年跟一六二二年，歷史彷若重複一般，荷蘭大軍攻向澳門，但在澳門守軍的堅強防守下被擊退。荷蘭人於是轉向澳門附近的小島澎湖，準備以澎湖取代澳門，但這一舉動惹惱了中國，因爲澎湖每年都有來此捕魚的中國漁民，中國便警告荷蘭不得占領此地。一六〇四年荷蘭自覺非中國對

手，乖乖撤兵，到了一六二二年，有備而來的荷蘭不再退縮撤離，雙方遂展開一場大戰，經過兩年的對抗，雙方精疲力盡。一六二四年，在海盜李旦協調下，荷蘭人轉到台灣的大員（今台南），建立了熱蘭遮城，展開長達三十八年的對台統治（西元一六二四年至一六六二年）。

我們可將荷蘭在台時期初分爲三階段。第一階段是一六二四年至一六三五年，此時荷蘭對台灣的經營興趣缺缺，只把這兒當作他們全球貿易的據點之一，功能是將中國貨物運回歐洲販賣，他們在此時期不斷想透過鄭芝龍等人爭取中國大陸的據點，將大員總部搬到中國沿海，後來證明是徒勞無功。加上荷蘭發現，可透過台灣進行與日本的三角貿易，對其商業更爲加分，才開始認眞經營台灣。

第二階段是一六三五年至一六四五年，荷蘭增援大員駐軍，開始征伐台灣島上的原住民及占領台灣北部的西班牙人。西班牙在亞洲的基地是馬尼拉，長期與中國及日本都有經貿來往，荷蘭轉進大員後，西班牙害怕其前往日本的商船會受到威脅，遂於一六二六年在台灣北部的雞籠（今基隆）、淡水建立城堡。但隨著日本關閉其對外貿易，西班牙開始減縮在台駐軍，終不敵在台勢力愈見強大的荷蘭，一六四二年荷蘭攻下西班牙在雞籠的城堡，結束西班牙在台經營。此時期亦成功召募大批漢人來台，建立在台農業區。

除了西班牙，荷蘭同時收服在台各地原住民，一六四五年征服中部最強大的大肚王國後，全島臣服。荷蘭以地方會議（Landdagh）

制度統領原住民，將台灣分成四個區域：北部（大員以北的台灣中南部）、南部（大員以南）、卑南（台灣東部）、淡水（台灣北部），每區下轄十幾個部落，每個村落由長老管理，但荷蘭人在每區派有政務員及傳教士，長老需接受他們的管理。漢人則另有漢人長老負責。

第三階段是一六四五年至一六六二年，此時荷蘭已統一全台，慢慢建立制度。但其與漢人於管理問題上產生摩擦，終爆發一六五二年的郭懷一事件，漢人倒向崛起的鄭成功，促使鄭成功攻打台灣，結束荷蘭政權。

事件五

小琉球與郭懷一事件

身爲殖民者，要用這麼少的人數統治台灣，其實是件相當困難的事情。尤其是在荷蘭治台時期，台灣的能見度逐步提升，除了原住民外，漢人、日人也都到台灣來開拓貿易市場，如何處理多種族的問題，是荷蘭治台的成敗關鍵。

荷蘭在台灣，碰到最重要之族群就是台灣的原住民，當時原住民並無統一全台的政治實體，不同部落以「社」爲名散布全台。一如前述，荷蘭治台初期對統治全台興趣不大，因此活動範圍多在大員附近，當地的原住民以新港（今台南市新市區）、麻豆（今台南市麻豆區）、蕭壠（今台南市佳里區）、目加溜灣（今台南市善化區）四大社爲主。初期兇悍的四大社還會攻擊荷蘭駐軍，並捲入濱田彌兵衛事件，但荷蘭未回擊。

等到前述荷蘭治台第二階段（一六三五年起）確立要在台發展時，才動用武力征服原住民。先是鄰近四大社，後更利用各社間的彼此衝突，採用以夷制夷之策略，拉攏對某社不服的其他社武力，共同討伐，我們可用著名的「小琉球事

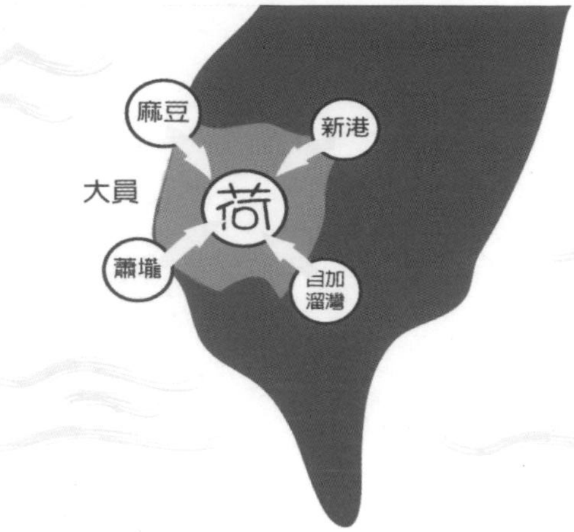

件」爲證。

今天屏東縣的小琉球，原有住民居住。一六二二年，荷蘭商船「金獅子號」因爲遇上風浪停泊在小琉球，結果上岸取水的船員遭到原住民殺害，從此荷蘭人就稱呼小琉球爲「金獅子島」。一六三六年，荷蘭大軍登陸小琉球島，當地原住民無法抵抗，躲藏在島上一個大洞窟內，結果荷蘭軍隊塞住所有洞口，放火逼他們出來投降，不料大部分的人都不願投降，有兩、三百個人死在洞內，這個大洞就是今天有名的「烏鬼洞」，傳說住在洞內的「烏鬼」（黑鬼），其實是當初的原住民。此事件讓荷蘭人名聲震動，也讓許多原住民心生畏懼，馴服於荷蘭。

荷蘭人雖然用武力征服了原住民，但原住民對於農地開墾並不在行，仍停留在自給自足的階段。荷蘭爲了發展台灣的農業，特別是獲利頗豐的甘蔗與稻米，開始引進漢人耕作，這不僅讓台灣農業快速發展，也讓漢人開始移民到台灣，成爲重要的族群，最後更與荷蘭爆發衝突，導致荷蘭在台統治的結束。

漢人來到台灣，荷蘭人提供耕牛、土地等優惠，卻也開徵其人頭稅。一六五〇年起，台灣的甘蔗及稻米，因爲種植過多造成價錢下滑，漢人所得減少，甚至有許多人

開始流浪，生活困苦。偏偏在這個時候，荷蘭公司又提高人頭稅，使得漢人更加不滿，終於爆發抗爭事件。抗爭的領導人郭懷一，召集了大約五千人，計劃在一六五二年的中秋夜起事。

郭懷一等人計劃在中秋節當晚宴請荷蘭人，等對方喝醉後，將他們全部殺死。但這個計畫，被一些知情的漢人長老向荷蘭公司告密，九月七日，荷蘭軍隊前往郭懷一等人住處逮捕他們，然發現起事者人數眾多，荷蘭軍隊逃回大員。九月八日，郭懷一的軍隊攻入普羅民遮市（今赤崁樓附近），並燒毀荷蘭公司的房屋。但勝利沒有維持太久，荷蘭大軍從大員出發，很快就占得上風，郭懷一最後中箭身亡，被殺死或餓死的人約有三千人，這是荷蘭治台期間，與漢人最大的一次衝突。

也因爲與漢人的衝突擴大，終使漢人投向鄭成功，並祕密幫助鄭成功取得許多軍事機密，讓鄭成功得以順利攻台，結束荷蘭的統治。

事件六

荷蘭人帶來的新玩藝

荷蘭治台模式猶如今日的跨國企業：將總部設在阿姆斯特丹，派遣管理階層與一些工作人員到全世界治理分公司。其亞洲總公司設於巴達維亞城，名稱叫做「荷蘭聯合東印度公司」，東北亞（中國、台灣、日本）的總部則在熱蘭遮城。

不過熱蘭遮城這個總部，是個「未開發」的

區域；荷蘭透過管理當地勞工（原住民）、引進外籍勞工（中國）、開發新市場（中國、日本），慢慢開創出一套屬於荷蘭聯合東印度公司的「台灣經驗」，這套經驗日後影響台灣深遠。

如何引入「現代化」管理台灣這個區域，是熱蘭遮城長官們在台灣工作重點。他們首先建造了城堡來安頓公司成員。這個城堡就是熱蘭遮城，也就是今日的安平古堡，這是台灣首座西式城堡，隔年之後，荷蘭的競爭對手西班牙，也用相同的觀念在淡水與雞籠蓋了城堡。

荷蘭政權在台灣的行政中心是位於熱蘭遮城的大員商館，大員商館以台灣長官爲商館最高負責人；並設有大員議會，由台灣長官擔任主席，所有決策均經議會決議後，再交給台灣長官執行。

城堡內不僅是長官們的辦公區域，亦供長官及及部屬居住，還有軍隊駐紮。一般居民則居住在城外，此屬商業區，如大員市街即爲台灣第一條西式街道，也就是今日到台南市安平區遊覽時的「台灣第一街」。

簡單來說，西式城堡等同現今行政中心與軍營（或警察局）的混合體。城堡外民眾如有不服，主政者便可出動軍隊鎮壓，甚至帶回城堡囚禁。如後來荷蘭人爲了統治常常不服從的漢人，在漢人市街建立了普羅民遮城（今日赤崁樓），藉以鎮懾漢人。普羅民遮城後成爲明鄭的行政中心，唯今日這兩城原貌均已毀壞，安平古堡多爲日人增建，赤崁樓則多爲清人所建，僅能從復原圖看到往日功能。

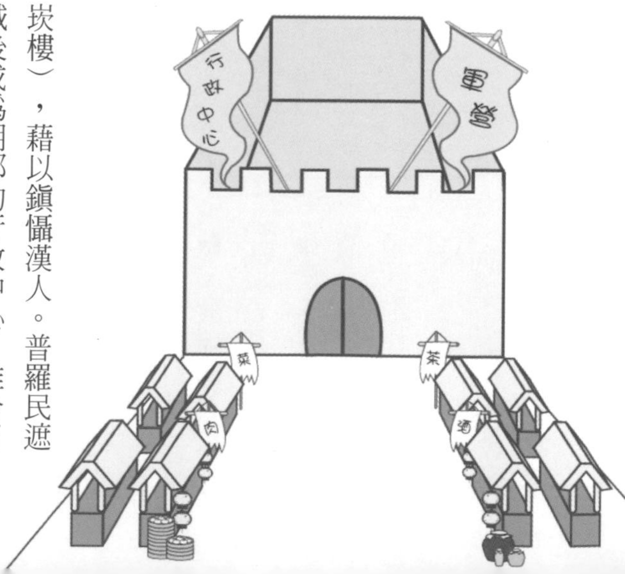

西方人來到東方有兩大目的：一是商業，另一則是宗教。大批傳教士跟著來到台灣傳福音，不論荷蘭或西班牙皆然，由於傳教需

要閱讀聖經，因此在台灣的傳教工作也伴隨著教育及文字的創設。

荷蘭人的傳教從鄰近的原住民部落開始。一六二七年，第一個正規的教區牧師干治士（Georgius Candidius）來到台灣，正式開啓在台灣的傳教事業，重點區域爲附近的新港社。由於要懂得文字才能誦讀聖經，一六三六年荷蘭人在新港社開設第一間學校，是台灣學校教育之始，同時開始用拉丁字拼出原住民語言爲文字，編輯字典、翻譯聖經供原住民閱讀，這也是台灣文字的開端。

這些文字後來被廣泛運用，一直到了清代，平埔族人依然用這種文字書寫買賣的地契，漢人把這批地契叫「番仔契」。此類地契，後來被台北帝國大學（今天的台灣大學）教授村上直次郎彙整出版，由於多半的地契俱與新港社有關，所以被稱爲「新港文書」，乃今天所能看見台灣最古老的文字。

荷蘭時期留在台灣的景物雖不多，但其所帶來的這些「現代化」觀念，讓沉寂已久的台灣島就此捲入世界體系之中，直至現在。這應該是荷蘭時期對台灣最大的影響。

事件七

鄭成功爲何攻台

鄭成功長期以來被塑造成「民族英雄」，因此一六六一年的攻台舉動常被詮釋爲「驅逐荷蘭，收復失土」；然實際上，荷蘭治台時期，不論是大明或大清皆未曾宣示台灣爲其領土，那麼鄭成功爲何要攻台呢？

生逢明清大戰、改朝換代之時，深受儒家影響的鄭成功忠君愛國，誓言爲大明戰到最後一兵一卒，遂與觀念歧異的父親鄭芝龍分道揚鑣（鄭氏父子故事可見人物篇）。鄭成功領軍以金門、廈門爲根據地，與大清軍隊周旋，簡單而言，鄭成功信奉的是「反清復明」。

鄭成功的一生，多耗在中國

大陸沿海與大清作戰。一六五九年鄭成功率領大軍北伐南京，這是他規劃許久的生平最重要戰役之一，鄭軍後圍住南京城，如能一鼓作氣地攻下南京，便能威脅大清，然不幸功敗垂成。失敗後鄭軍回返金、廈，大清爲了切斷明鄭經濟來源，嚴格地執行「海禁政策」，強迫沿海居民「遷界」、不許住在沿海附近。

鄭成功馬上面臨難題：如何阻止大清軍隊源源不絕的攻擊，以及供給鄭軍所需的大批糧餉。此時正值在台漢人與荷蘭關係日漸惡化的當頭（見前述郭懷一事件），鄭成功與荷蘭之間亦發生問題。荷蘭人在台灣是以「轉口貿易」爲主，從鄭氏手上購入日本需要的絲綢、瓷器，再轉賣給日本藉以賺差價。鄭芝龍時代雙方合作愉快，豈知到了鄭成功接棒時爲籌打仗費用，故有時直接與日本貿易，攻搶日本市場，使得鄭、荷關係轉趨惡劣。

荷蘭人爲了改善雙方關係，一度准許鄭成功派人在台灣抽貨物稅，後卻又翻臉將鄭成功派出的代表何斌關起來。何斌逃出偷渡到鄭軍，並獻上台灣附近的資料，讓鄭成功對攻台更有把握。一六六一年，在鄭成功堅持下（許多鄭軍將領不贊成），鄭軍大舉出動，途經澎湖而抵達了台灣。

當時荷人大本營是熱蘭遮城（今安平古堡）及普羅民遮城

（今赤崁樓），兩城中間非今日陸地，在當時爲內海，亦即「台江內海」。要進入台江內海，多半均由熱蘭遮城附近水道進入。研究過附近海域的鄭成功，卻大出奇兵，改從北方的鹿耳門進入。由於鹿耳門附近水域甚淺，鄭軍大船若少了漲潮潮水幫助必定會擱淺，故荷蘭軍隊對此不怎特別留心注意。鄭軍順利由此進入時，果讓荷蘭守軍措手不及，普羅民遮城迅速被鄭軍攻陷，但接著攻擊熱蘭遮城時便無如此順利了。

當時全世界最先進的荷蘭軍，擁有強大的火力及堅固的城堡，儘管熱蘭遮城守軍僅有千人，面對萬人以上的明鄭大軍仍毫不遜色，鄭軍遲遲無法攻下熱蘭遮城。最後鄭成功決定採用圍城戰略，這一圍困，竟長達了九個月。

遠在巴達維亞的荷蘭東印度公司總部，得知此情形後派援軍來台，卻被鄭軍擊退；這讓鄭成功決心結束這場戰役，根據荷蘭降兵的建議，鄭成功決定先攻占位於熱蘭遮城後方高地的烏特勒支碉堡。一六六二年一月二十五日，鄭軍發動了一次驚天動地的大砲戰，三十門大砲在一天內發射二千五百發砲彈，攻下了烏特勒支堡，也摧毀了荷蘭守軍的信心。荷蘭守軍終於決定投降，結束他們在台灣三十八年的統治。

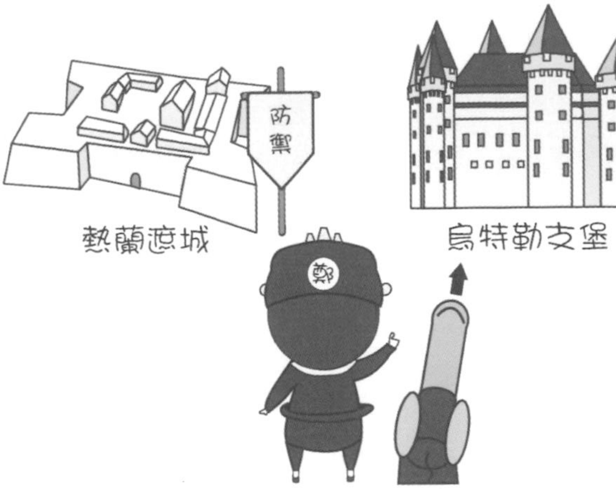

事件八

赤崁樓的主人

一六六一年，鄭成功率領大軍越過台灣海峽而來，這又是一場

歷史的偶然，鄭成功一生的原則是「反清復明」，以金門、廈門爲基地，對抗龐大的大清帝國，首要目標是「光復中原」，而不是「收復台灣」。但在一六五九年北伐失敗後，鄭成功想要尋求更安全、更富資源之地做爲新基地，才聽從何斌建議，揮軍南下。

明鄭在台二十一年（一六六二至一六八三年），共歷三位領導者：鄭成功、鄭經、鄭克塽，其均爲「延平郡王」，此是南明永曆帝於一六五五年敕封鄭成功的爵位，位階不過是明之郡王，鄭成功以此自稱，後代也不敢更動。但實際上鄭家三代卻是貨真價實、統管全台的君王，因此一般人稱之爲「明鄭」政權。

從「延平郡王」用詞，即可看出明鄭的中心思想便是「反清復明」，一切施政均以此爲藍圖，著眼於如何復興大明及準備戰爭。

既然要復興大明，就移植以漢人爲主的大明制度來到台灣，鄭成功時期控制區域還含括金門、廈

門，所以將位於東邊的台灣定爲「東都」，普羅民遮城（今赤崁樓）爲承天府，以此爲行政中心，熱蘭遮城投降後，改爲安平鎮（以其家鄉爲名）。台灣南部已開發地區北設天興縣、南設萬年縣。鄭經上台後，因內亂而失去金、廈，乾脆將「東都」改爲「東寧」，天興、萬年變成州，許多人咸認爲鄭經此舉有自立王國的意味。

明鄭在台三代，以鄭經在位最久，其重用陳永華，將漢人文化有系統帶來台灣。最著名的即是蓋孔廟、開科舉，沿用漢人最重要的科舉制度任官，一六六六年落成的台南孔廟，不僅爲「全台首學」，尤具重要的象徵意義。

簡而言之，明鄭時期對台灣最大的影響，就是奠定台灣以漢人文化爲主的社會根基。在此之前，台灣的統治者是荷蘭人，主要的居民是原住民；漢人是從荷蘭時期逐步來此從事經濟工作，在與荷蘭人關係漸趨緊張後，漢人跟鄭成功互通信息，成功協助鄭成功趕走荷蘭人，始成爲台灣主流。

而明鄭在台灣的政權，一如鄭成功在金、廈的大陸時期相同，幾乎都籠罩在戰爭的陰影之下，就連其對台灣的開發，也是爲了供應軍糧的屯田制。實際上，對於一六六一年即位的康熙而言，在台灣的明鄭絕非其最主要的威脅，擺在這位小皇帝眼前，最大的凶險是輔政的鰲拜，其次則是以平西王吳三桂爲首的三藩，隔了一個台灣海峽的明鄭，排不上康熙心目中的首

要對象。

但就算康熙無暇發兵，戰爭仍逕找上明鄭。一六七三年吳三桂反清，爆發「三藩之役」，鄭經於翌年（一六七四年）加入三藩聯軍，渡海征討清軍，這次的西征最後隨著三藩的落敗而徒勞無功，不僅讓明鄭的財政陷入困窘，更因此發生政變導致明鄭內亂，讓施琅有機可趁地帶領清軍攻下台灣。

事件九

施琅攻下台灣的原因

大清能夠拿下台灣，最主要是明鄭發生內亂，予大清可乘之機。否則依照大清的陸上性格，對於隔著海峽的台灣，是既無能爲力也不在意，這從施琅攻下台灣後，許多大清官員力主放棄台灣，以及鄭經時期多次和談可證。

大清由山海關外崛起，主要武力是騎兵，此讓他們在中國北方打遍天下無敵手，唯到了中國南方非平原地形就漸感吃力，碰到以海上爲主要戰場的鄭氏軍團更非對手。鄭成功雖僅有金門、廈門彈丸之地，但大清傾全國之力也無法消滅他們。

對於海上雄獅明鄭，大清的策略很簡單：一是實施海禁，將傍海爲生的居民強迫遷居至內陸，斷絕對手的經濟來源，這是從明朝以來，中國對海洋的傳統思維；二是重用知海者爲其作戰，從荷蘭剛被趕出台灣後，大清與其合作，到後來以明鄭降將黃梧、施琅爲主力，均是如此；三是等待明鄭內亂的機會。畢竟明鄭兩次內亂，都給了大清絕佳機會。

明鄭第一次內亂，是鄭成功過世之時。鄭成功率大軍攻打台灣時，鄭經留守在明鄭的大本營——金門、廈門，並與其四弟的乳母產下一子，此與禮法違背，鄭成功震怒之餘，命令戶官鄭泰前往廈門斬鄭經，此一命令造成留守金、廈的官兵驚慌並抗命，形成台灣與金、

廈的分治。情勢的演變，讓鄭成功大受打擊，於一六六二年五月，攻下台灣不到半年就病發身亡。

鄭成功的突然逝世，讓明鄭內部陷入混亂，而「該不該讓鄭經繼續承接王位」更引起許多人爭論，亦使明鄭分爲兩派：台灣官兵改推鄭成功的五弟鄭襲，金門與廈門的官兵則擁戴鄭經。一六六二年十月，鄭經親自率領大軍攻台，經過一番苦戰，鄭襲投降，明鄭重新歸於一統，但這場內戰卻消耗了不少明鄭的能量。

一旁虎視眈眈的大清，自然不會放過這個好時機，一六六三年十月，大清聯合了剛被鄭成功從台灣趕走的荷蘭軍，大舉進攻金門、廈門，鄭軍不敵，只能放棄金、廈，退守台灣。

明鄭第二次內亂，同樣與王位繼承有關。鄭經在位時，最重要的大事就是西征大陸，當時台灣交由鄭經太子鄭克壓坐鎮，並由陳永華輔佐，將台灣治理得井然有序，這也讓鄭經西征失敗回台後，看到鄭克壓治國成績，安心地將台灣繼續交給鄭克壓治理。

一六八一年，陳永華與鄭經相繼過世，讓明鄭瞬間陷入混亂。

如按照原來規畫，王位應傳給鄭克壓，但許多對於鄭克壓不滿者，以馮錫範爲首發動政變。當時，鄭成功元配董夫人尚在世，地位崇高，

於是馮錫範向董夫人進言，說鄭克𡒉乃乳母所生，出身不正，所以民間對鄭克𡒉繼位無法接受。最後董夫人同意更換鄭克𡒉，改由鄭經次子鄭克塽繼位，鄭克塽也正是馮錫範的女婿，而鄭克𡒉則被馮錫範殺害。

明鄭經過了這次的政變，加上西征大陸的失敗，元氣大傷，新掌權者鄭克塽又不孚眾望，明鄭的發展遂愈見艱難。康熙在平定三藩之後國力強盛，碰到此一千載難逢好機會自然不會錯過，遂在明鄭降將施琅領軍下擊敗明鄭，將台灣納入中國版圖。

事件十

鄭成功帶來的新事物

明鄭來到台灣後，重點之一是如何供給明鄭大軍糧食。鄭成功發現台灣還有許多未開發地區，於是命令手下軍隊尋找新的地區屯墾，一面防守、一面自給自足，到了鄭經時代，由於更多的軍隊退往台灣，讓鄭經對這個政策更加努力執行。

在荷蘭時代，荷蘭聯合東印度公司雖然統轄全台，但其在台主要目的是建立貿易據點，進行中國、日本的三角轉口貿易，對於農業生產剛與漢人結合起步，荷蘭時代的開墾區主要位於今日的台南市附近，以舊台南市為中心，向北、東、南三側擴張，北至麻豆、北港；東邊接近今日的新化（當時稱大目降）；南到今日岡山附近（當時稱為阿公店）。

到了明鄭時代，由於長年的

征戰，明鄭政府需要大量糧食應付戰事及平時生活，開墾區逐步擴大，除了原來就已開墾的地區，向北主要伸展到今日嘉義、鹽水港，向南則是今日的高雄鳳山地區，可說今日的大台南市、大高雄市都已逐步地開發。

由明鄭軍人新開發的地區，有些我們可以從地名上得知，在現今大台南、大高雄地區，以「鎮」、「營」爲名的地區，如台南新營、林鳳營、高雄市左營、前鎮等地，都是由明鄭官兵所開發的聚落。

除了軍方開墾外，還有許多民眾跟著明鄭來到台灣，而在大清對於福建沿海下達「禁海令」後，福建沿海居民被迫放棄自己家園，有些不願遷往內陸的居民，就來到台灣，他們也加入了這一波的開墾。

尤其是鄭經來台後，不但大力推展農墾，同時加上大清頒布禁海令，不准沿海居民與明鄭來往做生意，使得原本以海上貿易爲主的明鄭，漸漸變成以農業爲主，這也使得台灣從原來的東亞貿易轉運站，逐漸轉變成爲重要的農業區。

在明鄭之前，統治全台的是荷蘭人，所以雖然有許多漢人陸續從大陸移民到台灣，但除了他們帶來的原鄉宗教信仰外，政治或文化上，並不盡然與漢人有關，直到明鄭統治時，才將漢人的政治文化全盤帶來台灣。

鄭成功入台後，改稱台灣爲東都明京，下設一府二縣，今天的台南赤崁地區做爲承天府，以北爲天興縣，以南爲萬年縣；到了鄭經時代，則將東都改爲東寧，升天興、萬年縣爲州。至於在中央政府方面，則以吏、戶、禮、兵、刑、工六官掌理各種事務。這種行政制度，其實就是中國傳統政治制度，在地方是「郡縣制度」，在中央則是以「六部」領政，同時開啓了漢人政治在台灣的先例。

但對後代影響最深的，應該

是明鄭在台灣推行的教育與文化。這些工作，多半出自於鄭經時代最重要的大臣陳永華之手，陳永華認爲要與大清抗衡，文教絕對不可短缺，在其建議下，鄭經在今天的台南市蓋起了台灣島上第一座孔廟，傳承了中國的儒家思想。

除此之外，陳永華更命各里、社到中央均設立學校，並開始進行科舉考試，延續了中國的科舉制度。換句話說，台灣從政治到文教，都與當時統轄中國大陸的大清沒有太大之差別，而在社會上，民間也廣建廟宇，祭祀中國大陸家鄉帶來的神明，奠定台灣的漢人文化傳統。

事件十一 清代如何打造台灣？

一六八三年，趁著明鄭內亂之際，康熙皇帝在爭論聲中給予施琅專征權，帶兵渡海而來。施琅也不負康熙帝期望，在澎湖海戰中重挫明鄭，台灣政權從明鄭手中轉到了大清。

內陸起家的大清帝國，對於海洋缺乏想像力與野心，拿下了台灣，許多大臣上書勸康熙將台灣島上居民移往內陸後放棄，唯只施琅獨排眾議，以〈台灣棄留疏〉力勸康熙不可，最後康熙採納施琅建議，繼續保有台灣。

施琅打動康熙的乃非台灣重要性，而是萬一棄守台灣，荷蘭可能會捲土重來占有台灣，大清又得花更多力氣捍衛海疆。所以對大清而言，他們雖不想放棄台灣爲自己製造麻煩，卻也不想花太多力氣建設台灣，故大清的對台政策就是「消極治台」。依循著「消極」政策，台灣儼如「特別行政區」，與中國不太相同。初期實施限制移民的「渡台禁令」，僅能從府城鹿耳門這唯一「正港」進出，且須經過層層審核，無特殊原因不准來台，亦不准攜眷。

從清代台灣的兵制、建城即可看出這種「特殊性」。建城後會詳細提及，大清怕台人造反，因此不准台灣建城及台人當兵，所有軍隊俱從福建其他地區調派過來，加上大清原就規定官員不准在當地爲官，使得官兵都來自中國其他地區，其素質多半不佳，造成清代台灣官場貪汙橫行，導致民變時常發生。儘管政策明定不准渡台，台灣島眾多未開發土地仍讓福建、廣東地區民眾趨之若鶩，尤其在當地未有恆產、生活辛苦的民眾，一批接一批利用偷渡方式來到台灣開墾土地。這批移民成爲今日許多台灣民眾的先祖，其開墾過程也形成清代台灣社會的主軸。

既然台灣隸屬於中國，其行政區劃也與大清相同。大清行政區劃多半沿襲大明，採「省—府—縣」三級制，後又在較特殊地區設「廳」。清初內地轄有十八省，台灣隸屬於福建省。一六八四年治台初期在福建省下設台灣府，轄台灣、鳳山、諸羅（嘉義）三縣，主要區域在南部。隨著中北部逐步開墾，人口越來越多，在一七二三年（雍正元年）增設彰化縣、淡水廳，又於一七二七年增加澎湖廳，到了一八一〇年（嘉慶十五年）因漢人進入宜蘭開墾，再增設噶瑪蘭廳，在一八六〇年開港前爲一府四

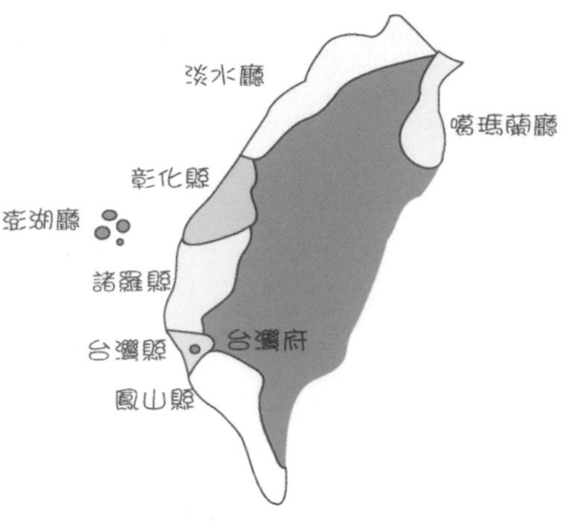

縣三廳。

由上可知，在一八六〇年以前，清廷對台灣治理都是消極而被動。一八四〇年鴉片戰爭後，西方列強用大砲打開封閉已久的中國門戶，一八六〇年（咸豐十年）台灣也被迫開港，西方人來到台灣購買糖、茶葉、樟腦，也對台灣展現極大興趣，一八七四年（同治十三年）日本因牡丹社事件入侵台灣、一八八四年（光緒十年）法軍攻台，這都給清廷極大震撼，一改以往的消極，開始積極建設台灣。

清廷對台灣的建設，與當時中國推廣「洋務」的自強運動脈絡相同，引進西方建設，如鐵路、開採煤礦等；同時期並調整行政區劃，先後增設恆春縣、卑南廳、台北府、埔里社廳。一八八五年（光緒十一年）台灣正式建省，下設台灣、台南、台北三府及台東直隸廳。這段期間，台灣南北政經地位同時產生轉變，首任巡撫劉銘傳的建設多半在北部，加上北部產的茶葉、樟腦價值提高，終使省會設於台北，也象徵台灣的重心從南部轉移至北部。

事件十二

唐山過台灣

台灣在明鄭時期，島上漢人快速成長，對岸的中國居民也瞭解台灣是一塊未開墾處女地，唯受限於當時的戰爭狀態，無法大量來台。明鄭投降後，台灣歸屬於大

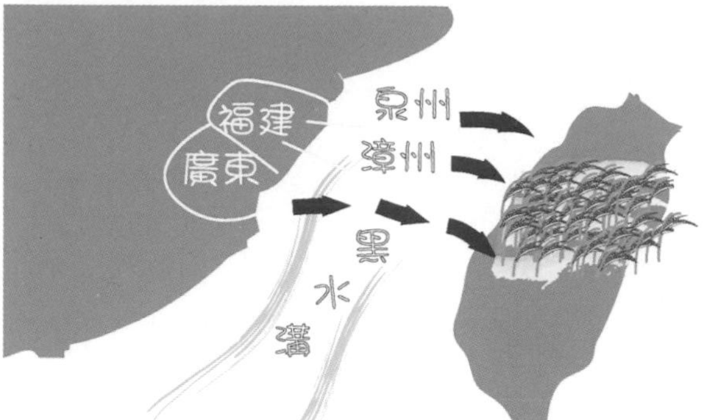

清，雖然大清採取「消極開發」政策，限制中國沿岸居民來台，但在原鄉生活困苦的居民，還是冒著生命危險偷渡來台，整個台灣，就在清初一百年間快速開墾，漢人的足跡也從原來南部爲主，快速擴張到全台，目前台灣社會的樣貌亦在此確立基礎。

清初移民者多來自於對岸的福建、廣東兩省，福建又以漳州、泉州爲主，主因是這兩個地區皆是多山之地而人口繁多，造成人多田少難求溫飽的嚴峻情形，迫使在家鄉無法生存者需另謀出路。一海之隔的台灣遂成爲極佳選擇，只要跟船主談好價錢，即可冒險渡過俗稱「黑水溝」的台灣海峽，寄望能藉此翻身。

不過，要到台灣並非易事，在政府強力限制移民來台情況下，僅能尋找專門載偷渡的船東「客頭」，而這些客頭不見得人人有良心，往往一艘破船就上路，台灣海峽冬天風大浪大，一不小心船即會翻覆慘溺死於大海中（稱「灌水」），或是被魚吃掉（稱「餌魚」）。有時候官軍搜查太嚴，無法靠岸，客頭便會把偷渡客在離岸遙遠處就推下海（稱「放生」），這些遭「放生」的偷渡客不小心便會掉入海邊泥沼中喪命（稱「種芋」），故此產生台灣名諺：「六死、三留、一回頭」，也就是說十個偷渡客中往往只剩三個留存。

既然成功率如此低，爲何大家還前仆後繼想來台灣？實在是成功範例誘惑太大，連霧峰林家、板橋林家的先祖亦都是偷渡來台。成功者回到家鄉，大家看到其示範「台灣錢淹腳目」的威力，便不顧先前有多少失敗者，也要奮力一搏。

在這種情形下，台灣人口快速擴增，領台初期（一六八三年）全台人口尚只有七萬左右，百年後（一七八二年）人口突破九十一萬人，一八一一年人口則高達一百九十萬。漢人從南部、中部、北部，一路跨越到後山宜蘭。行政區劃也隨著人口一直改變，從原來以南部爲主的一府三縣，變成多了彰化縣和澎湖、淡水、噶瑪蘭廳的一府四縣三廳。

這些漢人移民以福建的漳、泉及廣東的客家爲主，他們帶來了原鄉的文化及社會結構，聚落都是以廟宇爲中心，皆有從原鄉帶來的守護神，如漳州的開漳聖王、客家的三山國王等。他們各有地盤，漳州以平原爲主，泉州以沿海爲主，而客家在北部是以山區丘陵爲主，南部是六堆平原。之所以如此，有人認爲可溯源於來台的先後順序，另有人主張是據原鄉的習慣，原來居住地靠山的便靠山、靠海的便靠海。

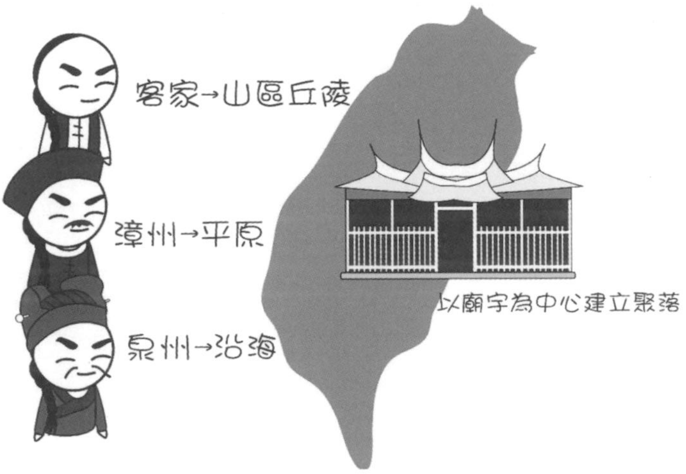

但漢人開墾的並非無主之地，乃是原住民所有之地，以往所歌頌的漢人「開墾」或「開發」之事，其實是如何搶奪原住民土地的過程。由於原住民的經濟型態與漢人不同，其農業僅供溫飽，非汲營於商業發展，因此當漢人主政後採用漢人爲主的經濟方式，原住民就節節敗退。清廷雖對此訂出「封山」政策，在全台設立「土牛溝」約束漢人不得越界來保護原住民，唯成效有限，僅守住山區，平原地區幾乎全被漢人占有或同化。所以這篇漢人開墾史，同時也是原住民喪失土地的悲歌。

事件十三

清代台灣的民變

前已述及，清代台灣社會主體是由中國大陸偷渡而來的移民，此構成台灣社會與其他中國社會截然不同的發展。台灣平地經過百年來的發展，多由漢人占有，所以台灣各村落均以漢人式聚落爲主，且漳、泉、粵各擁地盤。

這些偷渡者，多半在原鄉較爲貧困，罕有世家大族來台，一般所講述的「台灣五大家族」，堪稱是從貧困中起家的豪強，不見靠著科舉或者當官所形成的仕紳家族。這種「講義氣、顧兄弟」的台式領導人物，自然與在官場浸淫多年的中國式官場人物不同，甚至延伸至今日台灣社會。

之所以如此，乃因偷渡來台者多爲單身男子，獨自一人來台，憑藉勞力謀生。這些穿著破爛者，頗像民間傳說的羅漢，於是被稱爲「羅漢腳」。眾多羅漢腳們，在人生地不熟的異鄉，最容易依靠的就是自己同鄉，於是成群結黨，甚至異姓結爲兄弟來壯大聲勢，一旦遇上工作或利益上的衝突就招朋引伴，以武力解決。而這些羅漢腳又多無家室，打起來無後顧之憂，格外兇狠。

也因此，清代台灣可說是遍地烽火，日後更演成漳、泉、粵三

大族群的械鬥對抗。我們看到許多清代民宅，不論客家宅院或板橋林家皆具有武力防禦的性質，甚至像是美濃婦女在河邊洗衣習慣站立，相傳就是爲了防範閩南人的攻擊。

除了民間的武力衝突外，清代台灣屬於偏遠難治理地區，官員多不願調來此地，來此者常有「撈一票」的心態，於是貪汙遍地，常引起民眾揭竿起義。這些種種，有人形容台灣是「三年一小反、五年一大反」，可見民變發生頻率之高，在眾多民變中，朱一貴、林爽文、戴潮春起事，被稱爲清代三大民變，對於台灣有深遠影響。

朱一貴事件是清廷將台灣收入版圖後，於一七二一年（康熙六十年）首次發生的大規模叛變，堪謂標準的「官逼民反」。朱一貴是位養鴨者，因對當時台灣知府王珍不滿，於羅漢門（今高雄市內門區）起兵，怎知臨時起意的民軍竟一舉攻入府城，朱一貴並被擁爲王，但因與原本聯手的客家軍決裂，僅維持兩個月，終不敵清軍。

朱一貴事件後，仍陸續發生許多民變，首推一七八六年（乾隆五十一年）的林爽文事件規模最巨，其持續兩年多，主要肇因林爽文事件不再是散兵游勇，而是有組織的「天地會」領導。「天地會」乃清代的民間祕密會社，宗旨在反清復明，原相傳是明鄭時陳永華所創立，實際上是漳州人萬提喜所

創。天地會與台灣喜歡結拜互助的風氣雷同，使得天地會成爲台灣最具影響力的地下組織，也讓清廷調派大軍才平定此事，此事還被列爲乾隆的「十大武功」之一。

台灣民變的一大特色就是起事者無法獲得不同族群的合作，例如在林爽文事件中，客家族群相當堅定地對抗林爽文，後政府稱其爲「義民」，這也突顯清代台灣各族群的衝突性。

一八六二年的戴潮春事件，尤能突顯台灣民變的本質，戴潮春及其同伴們的起事，主要是針對同區域的霧峰林家，便與霧峰林家有恩怨的家族起事共同對抗林家。此更可看出清代台灣民變，除了反政府外，不同族群或團體間的對抗亦是關鍵重點。

事件十四

清代的古城

清代對於台灣影響性極大，許多傳統中式建築包括今日我們熟知的廟宇、老宅多半建於或源於此時，而最具代表性者首推台灣的古城。

清代古城與荷西時期所建的熱蘭遮城、紅毛城不同，規模及範圍較大。在傳統中國，省、府、廳、州、縣這些地方政府所在地，多會築城以保護官民的生命財產安全，清代台灣，我們可以看到府城、縣城、廳城等。例如大清領台初期，行政區劃是一府三縣，台灣府設於今日台南，因此在台南建有台灣府城，至今我們仍沿稱台南爲「府城」。

但清代城牆與中國其他地區最大的不同，就是前述清治初期，清廷對於台灣居民頗爲猜忌，害怕台灣如建有城牆即可能遭叛變的台人占領，讓大清軍隊困於城外。此因素使得一府三縣通通不築城牆，僅有一六八七年（康熙二十六年）時的第二任台灣總兵殷化行，為保護官兵而在府治附近設了小型木柵城，縱然規模小且設施簡陋，仍開台灣中式城牆之始。

清政府在台灣堅持「不築城」政策源於懼怕民軍占領，然實施起來卻因少了城牆維護，反讓府、縣所在地更易被占領，連帶使得清初鳳山縣與諸羅縣等地方官員多窩在府城也不願就任。而諸羅縣境內更發生一連串民變，讓地方父母官諸羅知縣宋永清於一七〇四年（康熙四十三年）仿效府城，興建最省錢省力的

木柵城。

一七二一年（康熙六十年）的朱一貴大軍，輕鬆攻破了幾乎不設防的府城及鳳山縣城，地方民眾更覺迫切需要城牆保護，於是隔年（一七二二年）署理鳳山知縣劉光泗不顧政府禁令，將原來地方居民所建的土堡改為土城，諸羅縣隨後跟進。清廷對此睜一隻眼閉一隻眼，台灣才終於出現城牆的雛形。

實際上，真正堅固的城池應該用磚石建造，但在清廷「不放心」台灣及經費短缺之情形下，出現許多因應之道，最常見者就是木城、竹城與土城。其中最特殊的，當數用台灣特產莿竹所圍繞的竹城，因莿竹價格便宜，防衛效果也不錯，木城或土城外圍繞莿竹的情形十分常見。

雍正年間，就以木城、土城、竹城方式，在全台各地建起了城牆，這種具有「台灣特色」的城牆，防禦力當然不強，演變成清代民軍能時常攻下縣城的原因之一；直到一八二四年（道光四年）彰化縣突破禁令，興建起全台頭一座磚石城，隨後的鳳山（在今左營）、

淡水、嘉義陸續跟進，石城才成爲台灣主流。

由上可知，清代的建城多半是民眾主動，政府反而很被動。牡丹社事件後，清廷警覺台灣的重要性，才廣建城牆與砲台，如我們今日熟知的恆春縣城與台北府城（僅剩下少數城門）都在此時興建。唯隨著日本時期現代化都市的興起，許多城牆都拆掉，如今僅存少數遺跡供人憑弔，如恆春縣城或左營的鳳山舊城留有部分城牆。

城牆內主要置設官府辦公機關及相關廟宇包括城隍廟、文廟、武廟等，例如今日台北的中山堂即是蓋在清代台北城內的布政使司衙門原址，日人入台後總督府一度在此辦公，直到新的總督府（今總統府）蓋好後才拆掉蓋成今日中山堂。而「西門」、「北門」、「南門」、「東門」等名詞正是當時台北城的城門，城牆雖已拆除，在生活中仍常常可見可聞。

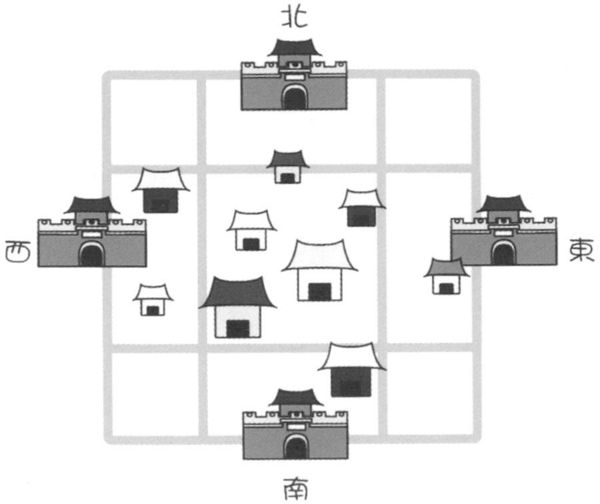

事件十五

清末開港與自強運動

一八四〇年（道光二十年）的鴉片戰爭，對中國甚至全世界而言，都是驚天動地的一場戰爭。長久被西方視爲東方強國的中國，因禁鴉片問題而與當時西方強權英國開戰，原本被視爲勢均力敵的一場戰役，大清軍隊竟兵敗如山倒；東方「強國」實力暴露後，西方艦隊便不時報到，欲撞開深鎖的中國大門。十三年後，一八五三年（咸豐三年），美國培里率領「黑船」叩關日本，東北亞兩大強權，就此成爲西方殖民者下一個目標。

在此大變動時代，帝國邊陲的台灣也難以避免。一八五八年（咸豐八年）及一八六〇年（咸豐十年）的《天津條約》及《北京條約》中，在列強要求下，台灣的雞籠（基隆）、淡水、安平（台南）、打狗（高雄）四港被迫開放，外國勢力重新回到台灣。與清廷的消極不同，列強對台灣向來持有極大興趣，尤其台灣的茶、糖、樟腦更成外商關注之產物，於是紛紛在台設立使館，如高雄著名的觀光景點「英國領事館」即爲此時建造。

傳教士隨之進入台灣，他們爲了傳教，找出台灣最缺乏的事物：西醫與教育，順此脈絡成功打入台灣社會，改變了台灣的教育及醫療面貌，今日台南的「新樓醫院」、「長榮中學」、「長榮女中」以及北部的「馬偕醫院」、「淡江中學」都是當時所開創。其對教育的推動，與當年荷蘭傳教士精神，可說是一脈相承。

亦如同當年的荷蘭，不論是做生意或是傳教，背後皆有武力支持。一八四〇年後，台灣戰事不斷：一八六七年（同治六年）的美國羅發號（Rover）事件、一八七一年（同治十年）日本的牡丹社事件，直到一八八四年（光緒十年）的中法戰爭；列強不停叩關，讓清廷察覺事態嚴重，終於一改「消極治台」政策，決意建設台灣，於一八八八年（光緒十四年）建省，下設台灣、台南、台北三

府，同時引進當時在中國推動的「自強運動」，加速台灣的現代化。

台灣「自強運動」的中心人物為首任台灣巡撫劉銘傳，他在台灣推動清賦、修鐵路、辦電報、理番，如今在台北二二八公園仍可看到當時台灣第一部蒸汽機車「騰雲號」，象徵一個新時代的開啟。後繼的邵友濂在檢討後雖停辦某些新政，仍持續推動多項改革。清代台灣的黃金時代遂在此一連串改革下，奠定良好的現代化基礎，使台灣得以超越當時中國其他各省，成為最進步的省分。

這段「自強運動」的時間，對台灣另一個重要的影響是南北政經地位的翻轉，台灣自荷蘭時期起即以南部台南為中心推動開發，慢慢才發展到北部。然在外商進入台灣後，外商所喜愛的茶與樟腦均以北部為主，大稻埕碼頭擠滿了買茶的商人，與中、南部的米、糖並駕齊驅。劉銘傳本身又與當時受到台南父老支持的台灣道劉璈有所摩擦，遂將自強運動重心以及最後建省的省會均放在台北，終使長期以來台灣的南北重心有所改變，直到今日，南北的發展問題仍是備受爭論之話題。

事件十六

太陽旗的降臨

一八九四年（光緒二十年、明治二十七年）的甲午戰爭，對東北亞的中、日兩國可說是一次「期中考」。一八四〇年以來的鴉片戰爭及黑船事件，迫使中、日兩國屈辱地打開大門，也讓兩國痛定思痛，決定「以夷之長以制夷」，分別以西化的「自強運動」及「明治維新」推行改革。一八九四年，

雙方因東北亞另一區域「朝鮮」的衝突而爆發戰爭，等同驗收兩國的西化成績，最後日本獲勝，雙方於一八九五年（光緒二十一年、明治二十八年）訂定《馬關條約》，將台灣與澎湖割讓給日本，朝鮮被劃入日本之勢力範圍，日本躍升爲亞洲最大強權，台灣更是日本的第一個殖民地。

日本在簽訂《馬關條約》時會要求領有台灣，絕非突如其來，而是早有準備。其在一八七四年（同治十三年、明治七年）就已派兵來台，當年的牡丹社事件對於中、日、台，甚至琉球的未來，皆影響深遠。

明治維新以來，日本深入思考對外關係，究竟該南進（琉球、台灣）或是西征（韓國）。一八七一年（同治十年、明治四年），琉球王國居民漂流到台灣南部時，被當地原住民殺害。後日本瞭解中國不認爲原住民爲其所管轄，遂刻意利用此事，詢問大清外交官員殺害琉球居民的「生番」是否屬於中國管轄，回答者不知其意，答言生番置之化外，不受中國

管轄。

日本獲得其希望的答案，加緊準備，於一八七四年五月登陸射寮（今屏東縣車城鄉射寮村），與牡丹社人展開戰鬥。儘管台灣南部的炎熱天氣讓日本士兵大吃苦頭，但因大清希望趕快將此事劃上休止符，最後中日雙方簽訂《北京專約》，大清承認日軍爲琉球居民出兵是「保民義舉」，等於承認琉球爲日本領土，讓日本順利併呑琉球王國，將下一個目標對準台灣。

二十年後，日本一償宿願，藉由《馬關條約》拿下台灣。但以漢人爲主體的台灣民眾，並不願意被異族統治，無奈於大清政府撒手不管，在台官民只好展開「自救」的活動。一八九五年五月二十五日，一個名爲「台灣民主國」的國家正式成立，這個「亞洲第一個共和國」命運沒有維持多久，恰說明台灣居民在大環境下無奈的抗議與掙扎。

台灣民主國由台灣巡撫唐景崧擔任總統，實際上徒具形式。從其年號「永清」就知道，這批清朝大臣乃「永遠的大清」子民，只是迫於局勢而不得不然，也因此，其凝聚力相當薄弱。

五月二十九日，日軍從澳底登陸，隨即占領基隆。消息傳來，總統唐景崧於六月四日逃回廈門，僅僅上任十天就棄守台灣，台北城陷於無政府狀態的混亂，台北仕紳最後派出了辜顯榮與日軍接洽，請其入城，而台灣民主國駐守台中的丘逢甲、林朝棟也跟著跑到大陸。至此唯剩下台南的劉永福堅守崗位，台灣民主國可謂名存實亡，後日軍僅在彰化遭遇抵抗。十月二十日，劉永福見大勢已去，由安平搭乘英輪逃離台南，台南仕紳同樣請日軍入城，台灣民主國正式瓦解。此時台灣只剩下南部六堆的客家抗日軍持續做最後抵抗，十一月日軍在火燒庄（今屏東長治）打敗六堆抗日軍，十一月十八日，台灣總督樺山資紀宣布平定台灣全島，台灣自此正式進入日本統治時期。

事件十七

台灣總督府的主人

台灣是日本第一個殖民地，治理好壞影響日本能否「脫亞入歐」，故日本對於該如何統治台灣曾有熱烈討論，究竟要將它視爲與日本國內不同的「殖民地」，或與日本國內相同的「領土延伸」，最後確定採「殖民地」方式，以台灣總督府爲最高行政機關，並以特別的《六三法》治理。如此差別待遇不僅使台灣民眾不滿，亦引起許多日本人討論，有人主張對台灣應該要予以「同化」，這也是貫穿日本時期的重要話題。

　日本在台灣的統治，可依據總督的性質劃分爲三時期，初期是所謂的「初期武官統治時期」。顧名思義，這時期台灣總督都是由軍人擔任，除了總督外，協助總督處理公事的民政長官亦相當重要，因爲武官總督通常不待在台灣，都是由民政長官總攬要務，例如對台灣影響深遠的後藤新平就是民政長官。而在後藤新平巧妙統治下，台灣的武裝抗日被平定，日本治台隨之度過了初期的混亂，走向平穩。

　第一次世界大戰結束前後，全球掀起一股新的民主風潮，如美國總統威爾遜在一九一八年（大正七年）提出的「民族自決」原則。在此風潮下，日本國內政局跟著產生相當大的變化，一九一八年九月，日本內閣改組，第一個政黨內

閣——原敬內閣誕生，這段時期被稱爲「大正民主時期」。原敬從日本領台開始，就是主張「同化主義」的大將，因此在其組閣後，日本對台政策有了極大改變，文官總督取代了武官總督，台灣的軍權交由台灣軍司令管轄，這段時間台灣政治較自由，文化抗日也在此時期展開。

從一九三一年（昭和六年）的「九一八事變」後，日本軍方勢力抬頭，加上文官總督年代因政黨政治的關係，總督變動頻繁，導致行政問題層出不窮，台灣內部右翼分子要求撤換軍人總督的呼聲不斷。一九三六年（昭和十一年），日本國內發生「二二六事件」，政黨政治正式宣告結束，台灣這邊也因日本積極南進，成爲戰場重要的「南進基地」。種種因素下，武官總督制在一九三六年再度復活，而此時期的政策，就是首位復任的武官總督小林躋造在一九三九年所表示的「皇民化、工業化、南進化」，此時期台灣籠罩在戰爭以及爲戰爭推動的皇民化運動陰影下。

台灣既然是日本帝國殖民地，日本在台灣的施政便一切以母國爲主；舉例來說，台灣在清末的重要農產有米、糖、茶，而日本本土最欠缺糖，因此日本在台灣最重視的農業就是糖業。殖民初期，日本希望台灣能生產日本所需的農業原料，至於先進的工業，日本自己來就好，此即「農業台灣、工業日本」，亦是典型的殖民地思想。這種情形，到了一九三〇年代日本捲

入戰爭時丕變，日本開始在台灣發展工業，希望台灣能成為向東南亞侵略的「南進」跳板，同時在高雄左營開闢軍港。原本不願認同台灣人的日本，至戰爭末期，也為了戰爭的需求推行「皇民化運動」，但此成效隨著日本戰敗而煙消雲散。

日本統治台灣時期，對於台灣最大的改變，是引進「現代化」建設及觀念。不論是鐵路、公路、港口等基礎建設，或是教育、衛生等制度，乃至於抽象的時間、運動、流行音樂等觀念，都透過日本，將這些源自於西方的「摩登又現代」新事物帶入台灣，讓台灣脫胎換骨，奠定日後的發展基礎。

事件十八

民主與抗日的雙重奏

今日的台灣，上自總統、下至村里長，均由人民一票票選出來，這種民主構成的社會，在華人世界中相當罕見。如此格局，來自幾個歷史因緣，除了戰後中華民國政府的行憲及地方自治外，日本時期台灣的反抗運動，也孕育了台灣的民主種子。

日本以外族統治台灣，台人自然不服，尤其是清代台灣的豪強社會，民間武力比比皆是，於是武裝抗日者四起，像是北部的簡大獅、中部的柯鐵虎、南部的林少貓，都讓初期來台的日本統治者相當頭痛。當時總督坐在台北城內辦公，還可聽到城外反抗軍的槍聲，可見日本初期治台的困難度。

特別是這些反抗軍熟悉地方生態，日本大軍每次要出城圍剿都會撲空，這種窘境，直到第四任總督兒玉源太郎與民政長官後藤新平改採警察制度，配合戶口登記與當地台籍人士合作，步步進逼，才逐步弭平武裝抗日（詳見人物篇「後藤新平」）。而一九一五年的噍吧哖事件，更是一大關鍵，由余清芳、羅俊、江定領導的噍吧哖事件，結合台灣民間信仰反日，雖曾攻擊日軍，但終究非日軍優良現代武器之對手，最後均失敗被捕。

日本政府對於余清芳等人的抗日行動，採取大規模屠殺，希望能達到嚇阻作用。台南臨時法院在余清芳被捕後，判處八百六十六名死刑，一時之間引起日本輿論譁然，後才宣布減刑，但已有九十五名執行死刑。這次事件顯示日人力量已牢牢控制台灣，台人武裝抗日能產生作用有限，遂轉入文化抗日。

台灣的文化抗日與民主政治有關，因日本對台是以特殊法律的殖民地方式統治，台灣人並不具備與日本人相同的議會、投票等民主權利，因此在一九二〇年（大正九年），林獻堂與台灣在東京留學生發起「議會請願運動」，向東京帝國議會請願，希望能成立台灣人爲主的「台灣議會」，決定台灣自己的事務。此一請願雖然馬上被議會否決，但獲得台灣民眾的大力支

持；在此情形下，林獻堂與蔣渭水等人便於一九二一年（大正十年）成立「台灣文化協會」，鼓吹爭取台人權利，一時蔚爲風潮，更影響產生農民運動，因與前期拿槍反抗有別，故獲稱爲「文化抗日」。

台灣文化協會獲得廣大民眾支持後，跟著產生了路線的分歧，受到共產主義的影響，許多醉心社會主義者掌握大權，林獻堂、蔣渭水因此離開文化協會，另組「台灣民眾黨」，唯林獻堂與蔣渭水之間亦同樣由於發展路線問題，再次分裂，林獻堂等人於一九三〇年自組「台灣地方自治聯盟」。

此時戰爭陰影籠罩，日本軍方勢力崛起，無法容忍帶有共產主義色彩的團體，除「台灣地方自治聯盟」外均被取締，文化抗日力量也逐步消逝。但日人爲安撫台人，於一九三五年（昭和十年）正式開放各州、縣市議員之選舉。總督府先於一九二〇年於各級行政區設置協議員，然均爲官派，並無民主內涵，一九三五年雖開放民選，不過怕危及政權，僅開放一半名額，另一半仍爲官派，且選民資格有財產、性別的限制，對台籍民眾頗不利。無論如何，這仍是台灣民眾的選舉初體驗，也是許多台灣先賢所力爭而來。

事件十九

日本時期的變化

日本時期，對台灣人民來說有其複雜的感受。首先是接受異族統治的不滿，尤其在各種教育、政治甚至就業上，台日民眾皆有不平等待遇。然日本同時帶來了當時最現代化的建設與觀念，不論在醫學、工業，乃至於日常生活，這讓台灣社會脫胎換骨，連帶造成日後對日本時期評價的兩極化。

日本時期與清代社會的分

別，可從教育談起。清代社會是以科舉取士，讀書最大目的就是任官，「十年寒窗無人問，一舉成名天下知」乃中國科舉社會下求學的目標。到了日本時期，不再以科舉任官，學校改採新的西式教育，畢業後僅能從事專業工作，而且當時就讀新式學校，需要剪掉辮子，此

對台灣社會而言是一大衝擊，亦使得新式學校開辦初期之時就讀者不多。後來隨著許多社會菁英讓其子弟就讀新式學校，且畢業後的專業（多是醫師與老師）亦獲得一般民眾認同，成爲新的社會中堅，才使得新式教育成爲台灣主流，發展成今日的教育系統。

新式教育跟舊式私塾更明顯的歧異在於課程的規畫，以及明亮寬敞且通風的教室，樣樣帶給台灣子弟截然不同的印象。尤其是體育、美術、音樂等課程，格外超乎原來想像，這些我們今日習以爲常的課程，當時都造成不小震撼。

唯殖民地的陰影依然籠罩在教育體制上，日本時期日人與台人就讀的學校原有分別，同樣是今日的小學，台人所就讀爲「公學校」、日人爲「小學校」，兩者所學不同，日後在升學上也是日人占盡優勢。而總督府經過評估後，在小（公）學校後，僅開放醫學校（培養醫生）及國語學校（培養老師）讓台人就讀，因爲醫師與老師是本地所需，故此造成日後台籍菁

英普遍爲醫師與老師的現象。這種不平等的待遇，經過台人力爭，後來才有各地的中學校、職業學校，乃至於最後台北帝國大學（今台大）的設立。

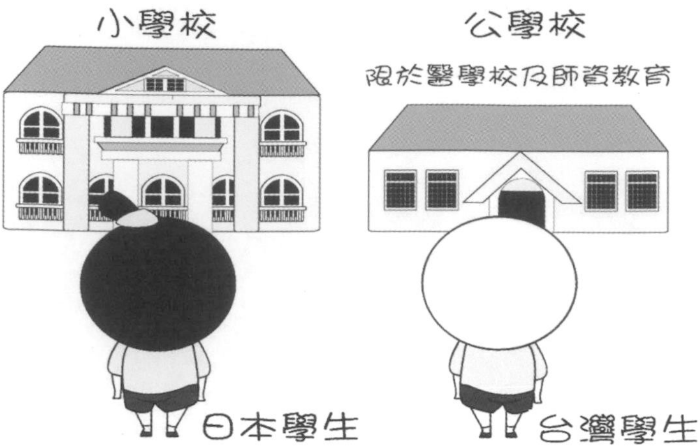

同樣的情形，也在工業發展上出現。日人來台後，積極評估，最後決定以糖業等食品工業爲主，在一九〇一年（明治三十四年）設立新式的橋仔頭糖廠（今橋頭糖廠）、一九〇八年（明治四十一年）建設了從基隆到高雄的縱貫鐵路、也積極擴建高雄港，讓糖業生產與清代相比，進入全新的階段，亦帶動台灣相關工業發展，但這都是爲了「農業台灣、工業日本」，爲日本母國服務。換言之，日人在台建設，雖然讓台灣徹頭徹尾的改變，但並不是爲了台灣，而是爲了日本自身發展。

儘管如此，這些建設還是帶給台灣進步與便利，如今舉凡鐵路系統、火車站、公路系統、城市建設，甚至是行政單位，許多仍沿用日本時期的規畫與建設至今，如今日的總統府就是日本時期的台灣總督府。醫療的進步也讓台灣人民壽命更長，自來水、電燈、電話的使用都讓台灣人民生活水準領先許多亞洲國家，最明顯的例子就是戰後中華民國政府的接收人員對於台灣民間生活的驚訝。

另外，台灣人民的許多日常生活娛樂，如公園、電影、咖啡、百貨公司等，也都是在日本時期引入而在都市普及，變成今日生活的一部分。日本時期透過全盤西化的日本政府，讓台灣從原來中式爲主的社會，慢慢變成以西式爲主，造就今日風貌的由來。

事件二十

大戰下的台灣

一九三一年（昭和六年）日本關東軍發動「九一八事變」，奪取中國東北，建立滿洲國，成爲繼台灣、朝鮮後的第三個海外根據地，日本國內軍方勢力隨之抬頭，一九二〇年代的民主氣息逐步散去。一九三六年（昭和十一年）日本發生「二二六事件」，軍方掌握大權，台灣總督也再度由軍方出任。一九三七年（昭和十二年）中日因「七七事變」全面開戰，日本、台灣、中國均進入戰時，此時亦對台灣的發展有極大影響。

日本軍方的野心對象不僅鎖定中國，還有亞洲其他地區，意圖建立「大東亞共榮圈」，在此情形下，台灣的角色顯得十分重要。以往台灣是日本帝國最南端，當時的政策是「工業日本、農業台灣」，台灣只需生產農業原料，做爲日本發展工業的後盾。但到了戰時，台灣成爲日本向東南亞「南進」的中繼站，於是日本政府開始在台灣發展工業，希望台灣能夠變成自給自足的南進航空母艦。

以擁有港口的高雄爲例，一九三五年（昭和十年）的日本鋁業株式會社、一九三九年（昭和十四年）的旭電化工業高雄工場及南日本化學工業株式會社，都擴大了高雄的工業版圖。影響更深是一九三九年開始的左營軍港建港工程，爲了提供軍需所用的燃油，於一九四四年（昭和十九年）在左營

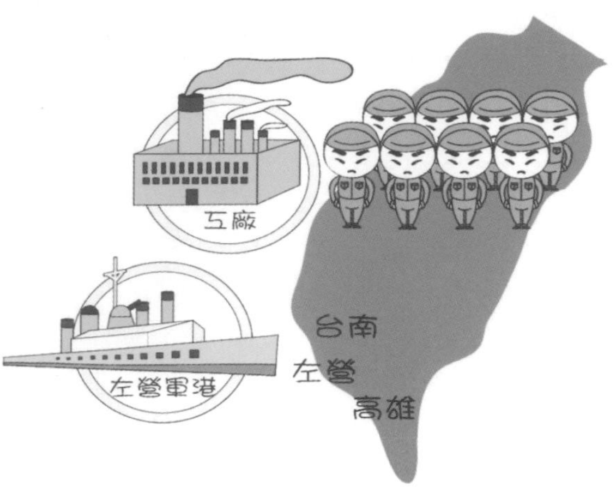

旁的楠梓後勁地區興建日本第六海軍燃料廠，即是日後的中油高雄廠及五輕。雖然這讓高雄成爲台灣最重要的工業城市，但也可看到，此時期的建設俱以軍事用途爲主，與台灣民生無關。

爲了讓台灣民眾能夠投入戰爭，日本政府更在台灣推行「皇民化運動」，希望台灣民眾成爲天皇的子民，也就是要將台灣民眾完全「同化」爲日本人。換言之，在此之前，日本就算已領有台灣三、四十年，仍將台灣視爲殖民地的異族。之前台灣民眾所爭取與日人擁有同樣權利，雖然表面上慢慢達成，但實際上仍是日本爲本身利益，要台灣民眾加入戰局，且在強迫動員下，對台灣人更形不利。

皇民化運動主要的部分是宗教、國語（日語）、改姓名與志願兵制度，希望能徹底將台灣原來的姓氏、宗教、語言，改變爲日本式，最後讓台灣人民志願從軍，彌補日本的兵源不足。但日本政府如此盤算，台灣民眾是否買單，我們可從台灣民間最風行的娛樂：歌仔戲與布袋戲一窺究竟。

傳統戲曲是台灣民間的娛樂及觀念來源，日人要台灣民間徹底「日化」，此當然爲重點。一九三八年（昭和十三年）四月，台灣總督府廢止報紙的漢文欄、農民曆、祖宗牌位，並且禁止傳統戲劇演出及鑼鼓、嗩吶等樂器的使

用，稱之為「禁鼓樂」。但總督府也瞭解，要完全禁止傳統戲劇有其困難性，故以管制方式將歌仔戲與布袋戲變成以日語演出，宣揚日本文化及軍國思想的「皇民劇」。不過「上有政策、下有對策」，民眾還是偏愛看傳統戲碼，不論是布袋戲團或歌仔戲團，鼓吹照用、戲照演，日警一來便收起來，等到日警走了再繼續拿出來。也因此，當大戰一結束，日人離開台灣後，台灣民眾立即恢復傳統文化，皇民化的影響幾完全消失無蹤。

事件二十一

戰後台灣的巨變

一九四五年（民國三十四年）二次世界大戰結束，日本投降，台灣由中華民國政府接收。二次世界大戰結束後，世界並未因此平靜，以美國為首的民主陣營與蘇聯為首的共產陣營，開始互爭地盤，中國大陸也由蘇聯支持的中國共產黨與中國國民黨主政的中華民國政府展開內戰。一九四九年，中國共產黨宣布成立中華人民共和國，中華民國政府則播遷來台，從此治權範圍僅限於台、澎、金、馬等地區。

從一九四五年到一九四九年，不論在台灣或中國，都面臨極大變化。一九四五年大戰結束時，

大多數的台灣民眾，因爲殖民主日本的戰敗，對於自己要回歸血緣相同的祖國（中國），充滿了喜悅。在日本時代，許多台灣人在民族主義召喚下回到中國大陸，甚至在中日戰爭期間加入抗日行列，也因爲他們的提醒，中華民國政府才會在開羅會議時力主要爭取台、澎，影響台灣後續的命運。

亦因如此，在一九四五年八月，日本宣布戰敗，到十月中華民國政府正式接收台灣的兩個月無政府空窗期，台灣境況其實相當平和，許多人學習國語、繪製中華民國國旗，並在國軍登陸時盛大歡迎。

但實際上，台灣受日本統治期間，與飽受戰亂的中國，無論在經濟、建設乃至於一般民眾的生活，均有天壤之別。來台的接收官兵，看到台灣民眾看電影要排隊、下雨天會贈送愛心傘，都嘖嘖稱奇。有些來台接收的國軍，甚至沒看過自來水，對於打開水龍頭就有水的情況感到不可思議，顯示兩者生活文化差距甚大。

另一個更嚴重的情形，是大戰後國民政府派遣至各地的接收官員，貪汙橫行，當時甚至有人嘲諷接收者可「五子登科」，只要參與接收，都可獲得車子、金子、銀子、房子、女子。此情形不獨台灣特有，在中國大陸內造成中國共產黨的崛起，在台灣，則是發生了二二八事件。

一九四七年二月二十七日晚上，台北市發生的緝煙傷人情事，激起民眾久積的憤怒，第二天（二月二十八日）更多民眾的抗議、請願又遭軍憲機槍掃射，終於使暴動蔓延開來，史稱「二二八事件」。

二二八事件是逐步擴散至全台，並以都市爲主，原本還有機會平和落幕，然國民黨各派系以民意代表爲主的「二二八事件處理委員會」爲舞台，互相鬥爭，終使事件一發不可收拾，國軍於三月八日抵台鎮壓，許多台籍菁英因此喪命，

幸運撿回一命者，也對政治事務保持距離。此事對台灣民眾心理影響極大，許多原本抱熱情回歸祖國者，開始變爲冷淡，甚至有許多人轉向支持共產黨或台獨，不再信任政府。

中華民國政府在台灣，雖能以武力占得上風，但在中國大陸卻是節節敗退。一九四九年（民國三十八年）十月一日，中國共產黨宣布成立中華人民共和國，中華民國政府幾經思考，決定撤退至有海峽屏障的台灣，因爲在二二八之後的清鄉，以及一九四九年五月開始的戒嚴，已經讓台灣的反對者無立足之地，國府得以藉此喘息，並重新出發。此次的大撤退，有將近百萬的國府官軍及其眷屬來到台灣，這些被稱爲「外省人」的族群成爲新的統治階層，同時帶來了內陸各地文化，形成新的台灣社會。

事件二十二

兩蔣統治台灣的策略

一九四九年（民國三十八年）中華民國政府遷台後，中華民國在台灣的歷史大約可分爲兩部分：一是兩蔣的強人時代（一九四五年至一九八八年），二是後期回歸憲政的政黨輪替時期。兩者有許多差異，此處先敘述兩蔣時期。

一九四九年來台時，可說是蔣中正生涯最黯淡時刻，其之前都在中國大陸發展，將分崩離析、有名無實的中國統一，並帶領中國擊敗強敵日本，列爲世界四強之一，也於一九四八年（民國三十七年）當選首屆中華民國總統，個人事業達到顛峰。

二次世界大戰結束後，受到蘇聯扶持的中國共產黨趁勢而起，加上國民黨派出接收的官員貪汙橫行、大失民心，使得日本八年攻不下的江山，蔣中正卻在四年中拱手讓給中國共產黨，連昔日盟友美國也對其放棄，他只能帶著少數親信遠遁到四年前才納入版圖的小島台灣。

蔣中正到達台灣後，面對步步進逼的共產黨，以及袖手旁觀的美國，大部分的人咸認爲台灣淪落共黨手中只是遲早之事。不料一九五〇年爆發韓戰，美國警覺蘇聯爲首的共產集團意圖席捲全球，於是派出第七艦隊鎮守台灣海峽，終使蔣中正得以喘口氣，好好布局下一步。

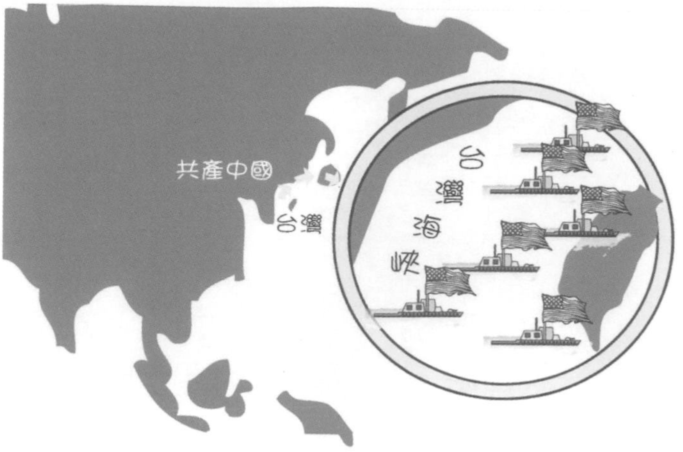

蔣中正在台痛定思痛，重新「改造」國民黨，首先揚棄以往派系治國心態，不再將權力讓派系分治，並送走親信陳立夫，權力回歸蔣氏父子及陳誠手中。由蔣中正坐鎮，陳誠進行各項改革，蔣經國掌握情治系統穩固權力。尤其是蔣經國所領導的情治系統，不僅捉拿共產黨，更藉此打擊政敵如孫立人、吳國禎，讓台灣籠罩在恐怖氣氛中，隨時隨地都可能以「匪諜」、「台獨」入獄，亦使國民黨政權穩固。

兩蔣政權是以外省人爲主，如徹底實施一九四七年底頒訂的《中華民國憲法》，由全民選出各級民意代表，將面臨保衛政權的難題，故在台延伸一九四八年因國共內戰制訂的《動員戡亂時期臨時

條款》，並加上一九四九年的戒嚴。就以憲法爲門面，但實際上執行《臨時條款》便宜行事，如威脅到中央政權的國民大會代表、立法委員、監察委員，即以「大陸尚未光復」爲由阻卻，讓這批原本四年或六年該改選的民代搖身變成了終身職的「萬年國代」；而美方念茲在茲的「民主」，就以不影響政權的「地方自治」應付，同時也培育地方派系，阻絕反對黨的崛起。這套體制被稱爲「二元侍從體制」的台灣特有民主制度，中央以不用選舉的外省官僚、地方以台籍地方派系，巧妙地鞏固政權。

但國家主體仍是人民，如何獲得台灣民眾支持更是政權延續的重點。國民黨政權遷台後，開始擴大國民黨在民間影響力，處處均有黨部監視，全面鼓勵人民入黨，而對於台灣主體的農民，經由「三七五減租」、「公地放領」、「耕者有其田」讓農民擁有土地，獲得農民的感激與支持。蔣經國擔任總統後，展現出與其父蔣中正僅心存「反攻大陸」不同的心態，不僅經常下鄉與民眾打成一片，尤體察民瘼，加速推動台灣重大建設（以十大建設最爲著名）。其晚年更親自打破藉以支持其政權的戒嚴等政策，並開放兩岸，爲後來的民主化鋪路，不僅使他獲得許多掌聲，也象徵台灣在兩蔣「強人政

治」後即將步入一個新的階段。

事件二十三

政黨輪替的台灣

一九八八年（民國七十七年）一月十三日，蔣經國總統過世，台灣正式告別強人政治，當時的副總統李登輝依據憲法繼任總統，成爲首位台籍總統，但面對當時剛解嚴的台灣，以及外省人爲主體的統治階級，幾無人看好李登輝能夠坐穩總統寶座。

當時「黨國體制」下，總統必須同時擁有國民黨主席才算擁有實權，李登輝在驚濤駭浪中，靠著宋楚瑜臨門一腳才真除國民黨主席，還展開與國民黨外省籍大老的「主流、非主流」鬥爭。李登輝並沒有獲得兩蔣一手打造的國民黨眞正權力，無法依循兩蔣時代的「侍從體制」統治國民黨，於是他打破兩蔣時期的「二元侍從體制」，將原本被隔絕在中央體制外的台籍菁英大量拔擢到中央，並運用解嚴後多元的社會抗爭，在「本土化」的號召下成爲支持其政權的力量。

這從兩次總統選舉中可看出，在其首次參選總統時，仍沿用國民大會選舉方式，且出現國民黨黨內的挑戰者。李登輝過關後，配合當時的「野百合學運」，以修憲方式強化「本土化」政策，將總統選舉改爲全民直選，在其競選連任時，國民黨黨內雖出現了挑戰者，甚至中共以試射飛彈威脅，依仍無法威脅李登輝，同步地確認「本土化」成爲主流。但李登輝援引台籍地方勢力，也讓「地方派系」的風格擴大進入中央，許多人詬病的「黑金」也開始出現。

二〇〇〇年（民國八十九年）在李登輝卸任後，國民黨因連戰、宋楚瑜相爭不下，給了民主進步黨候選人陳水扁突圍而出的機會。於是，台灣在新世紀之初，就

出現首次的政黨輪替，第一次有反對黨藉由選舉入主總統府，可謂象徵台灣民主的成熟。

民進黨陳水扁執政八年，實際上承繼了李登輝的「本土化」路線，地方勢力陸續進入中央，台灣主體更加確立，卻也加劇了與國民黨的對立。尤其是陳水扁第二任競選連任，在選前一天發生三一九槍擊案，最後陳水扁小勝國民黨候選人連戰，此一結果讓國民黨無法接受，選完後進行大規模抗爭，在其任內又有紅衫軍倒扁運動，造成台灣兩極的對立，終使民進黨在二○○八年（民國九十七年）選舉中丟掉政權，國民黨候選人馬英九獲勝，迎來台灣第二次政黨輪替。

馬英九的當選，主因是陳水扁的貪汙傳聞，讓原本支持其上台的「清廉、勤政、愛鄉土」劃上問號，陳水扁卸任後亦因此鋃鐺入獄，成爲首位入獄的卸任總統。馬英九當選的另一個原因，是民進黨執政八年來，並未對中國大規模開放，由於中國在二十一世紀經濟快速起飛，民進黨兩岸政策被對手指爲「鎖國」，而使其丟掉政權。

也因此，馬英九上台後，對於中國採取全面開放政策，不僅由民進黨時代的小三通（經由金門、馬祖前往大陸）開放成兩岸直航的大三通，並開放大陸觀光客來台，同時簽署ECFA，即「兩岸經濟合作架構協議」。這種種措施讓台

灣經濟更緊密與中國聯結，亦幫助馬英九在二〇一二年競選連任時當選，但同時加深了台灣對中國經濟的依賴，二〇一四年三月，因爲立法院審查具爭議的《海峽兩岸服務貿易協議》，引發學生抗議並佔領立法院的「太陽花學運」，也讓民進黨於二〇一六年的總統大選中再度獲勝，蔡英文總統當選，也是第三次政黨輪替。

蔡英文總統當選後，兩岸再陷入冷凍期，加上許多改革，如同志婚姻合法化引發爭議，使得二〇一八年地方選舉，執政的民進黨大敗。原本預料二〇二〇年總統大選，對於在野的國民黨較爲有利，但在美國與中國間貿易大戰的越趨激烈，以及二〇一九年中國對香港「反送中運動」的強力鎮壓，使得民眾在二〇二〇年仍選擇與中國保持距離的民進黨政府繼續執政。美中台三角關係的如何演化，也將繼續成爲影響台灣大選的重要因素。

事件二十四

民主奇蹟的建立

台灣今日與其他華人世界最大不同，就是台灣的民主制度落實在每一個階段，不論是總統直選，或是國小小朋友選班長，民主已然成爲台灣生活的一部分。但不論是傳統華人政治（如中國）或曾受外國統治者（如香港、新加坡），都未曾發展出全面民主，台灣究竟如何達成？

前已言之，日本時期在一九三五年（昭和十年）實現了台灣首次民主選舉，雖然這是有限制條件的選舉，但對台灣民主乃走出了第一步。

一九四五年（民國三十四年）二次世界大戰結束，日本投降，台灣由中華民國政府接收。一九四六年（民國三十五年）中華民國憲法制定完成，於一九四七年（民國三十六年）十二月二十五日公布實施，此憲政體制原爲中華民

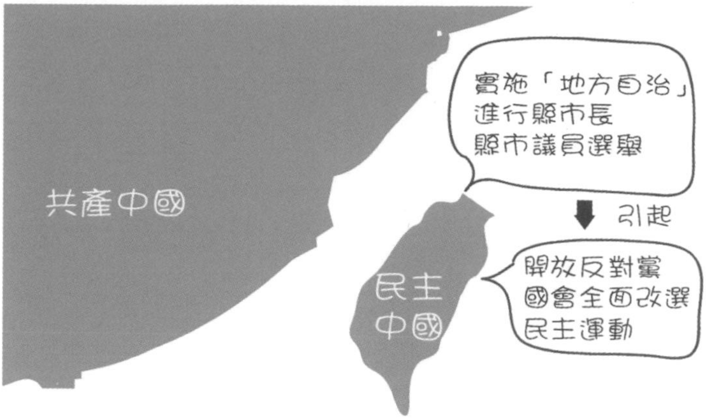

國政府施政之根本，但實施不久就遇到內戰，以《動員戡亂時期臨時條款》取代；一九四九年（民國三十八年）台灣實施戒嚴，遂使得憲法許多規定無法落實，如國大代表、立法委員等長期無法改選，難符合民主眞諦。

然在民主、共產陣營對峙下，中華民國仍需實施有限度的民主，以區別共產中國，成爲「自由中國」。於是從一九五〇年（民國三十九年）開始，實施「地方自治」，進行縣市長及縣市議員選舉，在此情形下銜接日本時期傳統，並與來自中國大陸的自由主義合流，開始了要求開放反對黨、國會全面改選等的民主運動。

國民黨政府爲了嚇阻反對黨人士，常扣以「匪諜」、「台獨」等大帽子將這些民主運動人士關入大牢，其中最有名如一九六〇年雷震被捕的「自由中國」案、一九七九年黨外（當時不准組黨，反對黨人士都被稱爲黨外）與警方衝突的「美麗島事件」。唯這些都無法阻止因爲經濟發達、民眾見識增長後，想要追求眞正民主的決

心，這也使蔣經國總統在一九八六年（民國七十五年）民主進步黨成立時，並未強力鎮壓，反而在一九八七年解除戒嚴、開放黨禁，台灣從此走向眞正的多黨國家。

解嚴後，國會仍未能全面改選，社會各界對此不滿，走上街頭，以體制外抗爭，要求「國會全面改選、終止動員戡亂時期、廢除臨時條款」。最後在一九九〇年三月，因爲國民大會選舉總統的「主流、非主流」對決，爆發著名的「三月學運」，台灣各大學的學生在中正紀念堂廣場靜坐抗議，也迫使時任總統的李登輝承諾將召開「國是會議」。

在國是會議中，李登輝運用民意壓力，達成憲改共識，在一九九〇年（民國七十九年）底，展開一連串的修憲工程，陸續廢止《動員戡亂時期臨時條款》、制定《地方自治法》，讓省長、直轄市得以民選、總統任期改爲四年並以直選方式完成、監察委員改由總統提名，與現今中華民國範圍多半重疊的台灣省也被「精省」，且廢除國民大會，讓台灣的憲政體制漸漸符合西方方式的「自由民主憲政」。

其中最受矚目的總統大選在一九九六年（民國八十五年）登場，在中共動用兩顆飛彈嚇阻下，台灣民眾依然不受影響地完成了

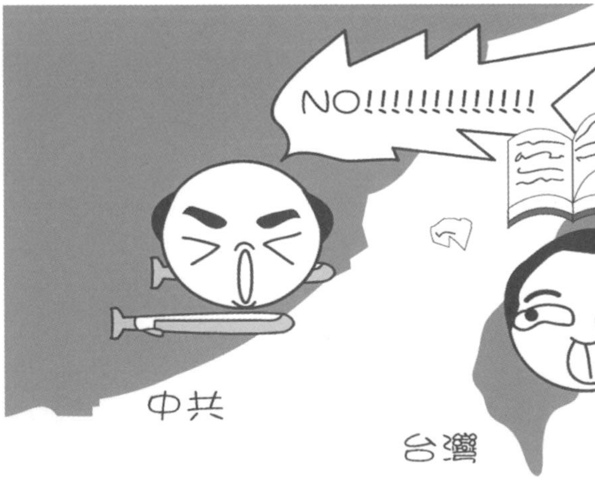

總統選舉，至今已完成五次總統大選。而在二〇〇〇年、二〇〇八年、二〇一六年三度由當時的反對黨當選，在平和中完成政黨輪替，證明台灣民主制度的深厚在華人世界中獨一無二。

事件二十五

戰後台灣與世界

戰後台灣與全球發展無法脫節，台灣因在中國之旁，先是冷戰期間，美國爲首的「自由陣營」箝制共產中國的重要據點，冷戰結束後，又成爲中國快速發展下美、中角力的一環。美國與中國這兩大強權，成爲影響戰後台灣最深遠的國家。

早期台灣是美國圍堵共產集團的成員之一，美國一如對待其他盟國，除了軍事支援外，在經濟上亦加以援助。在台灣的蔣中正更搭上「反共列車」，以「反共」及「光復大陸」做爲施政主軸，但美國並不願因此捲入與中國的交戰，故在台灣海峽保衛台灣的第七艦隊，也肩負著防止台灣擦槍走火而與共軍交手的任務。一九五八年（民國四十七年）的八二三砲戰，就是共軍測試美軍底線的一次軍事行動，在美軍嚴守台海中線、不願越界協助國軍演變成爲美中戰爭情形下，猛烈砲擊就變成「單打雙不打」草草收場。蔣中正幾次的「反攻大陸」美夢，也在美軍反對下收場，使其晚年在此海島鬱鬱而終。

然而，美國不僅帶來了軍事及經濟援助，美國文化更同步長趨直入每個盟邦，年輕人最流行的音樂是美國音樂，學生的夢想是「來來來，來台大，去去去，去美國」，大批留學生以及提著手提箱做生意的台灣商人到了美國，將美國眞正信奉的民主精神帶回台灣，

與台灣逐漸茁壯的中產階級結合，風起雲湧的民主運動就此開展。

除了美國外，另一個戰後影響台灣深遠的是中國。雖然在國共對峙下，台灣人一直要到一九八七年蔣經國開放探親才眞正踏上中國土地，但從中國大陸跨海而來的統治階層，原封不動將中國大陸的文化、教育、制度搬來台灣，使得戰後台灣意外保存了許多傳統中國文化。此與對岸歷經文化大革命的「共產中國文化」不同，亦讓許多台灣人擁有認同中國的「中國民族主義」，如保釣運動就是明顯例證。

這也與二二八之後崛起的「台灣民族主義」成爲台灣國族認同的兩端，在民主化之後，這兩種認同，變成了台灣政黨的兩大區塊。台灣的政黨可分爲以中國國民黨爲主、認同「中國民族主義」的「泛藍」（因國民黨黨旗爲藍色），以及民主進步黨爲主、認同「台灣民族主義」的「泛綠」，其他中間政黨幾不存在。究竟該與中國統一或是主張台灣獨立的「統、獨」立場，便成爲台灣兩大黨最容易分辨之處。

兩岸開放後，台灣民眾終於可認識眞正的中國，當時正逢鄧小平改革開放之際，加上六四天安門事件後，西方企業抵制中國，給了

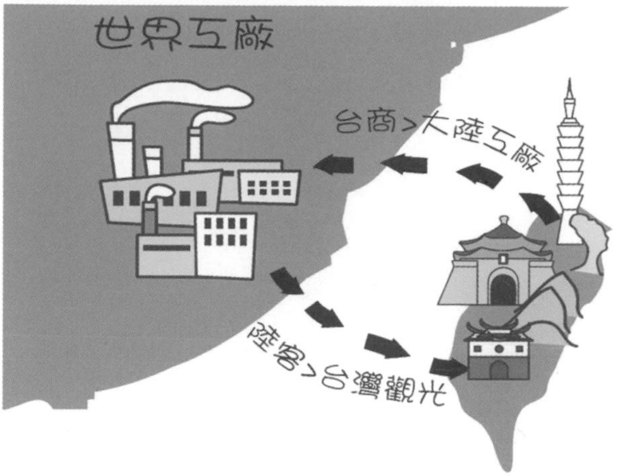

在語言、文化上占盡便宜的台灣商人在中國發展的好機會，台灣商人開始將大批工廠移至中國大陸，搶得先機者順勢讓公司發展更上一層樓。

從一九九〇年代開始，中國成爲「世界工廠」，台商對此尤有許多功勞。到了二十一世紀，西方世界碰到金融危機、歐債風暴，中國快速晉身爲世界強權，台灣亦從以往對中國「貢獻」變成了「依賴」，尤其在馬英九總統執政後，調整以往對中國的封鎖，改爲開放，此後大陸人民一批批來到台灣，「陸客」、「陸資」成了台灣觀光業、經濟的救命丹，兩岸關係快速加溫，但也引起「傾中」討論，導致二〇一四年「太陽花學運」的發生，也讓民進黨政府於二〇一六年再度上台，而兩岸之間關係也因此再度調整，不若國民黨執政時熱絡。

同年（二〇一六年）的美國大選，共和黨川普總統上台，在任期內開啓美中之間的貿易大戰，美中對抗架構於焉成形。除此之外，中國對於香港的控制更加嚴謹，從二〇一四年開始的「雨傘革命」，一直到二〇一九年的「反送中運動」，香港群眾走上街頭，加深台灣民眾對中國要實施於港台「一國兩制」的疑慮，這也使得在二〇一八年地方選舉大敗的民進黨，在二〇二〇年強勢反彈，蔡英文總統連任成功。

二〇二〇年在中國武漢爆發，席捲全球的新冠肺炎，加深了中國與歐美各國的分合關係，世界局勢也更加混沌不清，如何在中、美兩大強權下因應，仍是台灣最重要的課題。

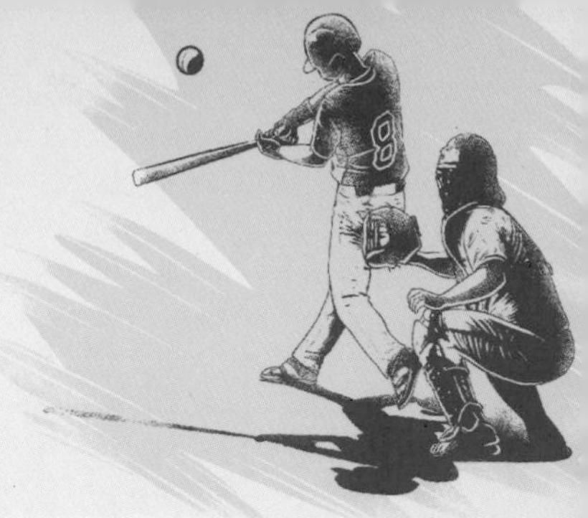

第2篇

食衣住行育樂

台灣人為什麼喜歡看棒球？觀光客必嚐的小吃是怎麼來的？滿街的咖啡廳如何演變？這些「小歷史」的研究，有些登不上學術殿堂，但一般民眾卻閱讀得興味盎然。

導論：生活中的歷史

近幾年來，台灣的歷史研究慢慢有了新的變化，所謂的「生活史」或「庶民史」開始出現。台灣歷史不光止於帝王將相偉業，還有老百姓身邊的點點滴滴，台灣人爲什麼喜歡看棒球？觀光客必嚐的小吃是怎麼來的？滿街的咖啡廳如何演變？這些「小歷史」的研究，有些登不上學術殿堂，但一般民眾卻閱讀得興味盎然。就這樣，許許多多的文章、書籍及研究紛紛出現，可說是這幾年台灣史特別值得留意的一件事。

這種對生活史的研究在史學中並不陌生，爲何直到最近才在台灣受到注目？除了台灣史的研究風潮原本就較晚外，作者個人認爲，乃與許多生活轉變始自日治時期有關。台灣的歷史研究，深受中日間百年來的歷史情仇糾結，在描述中國與日本如何影響台灣發展，很難客觀中立描寫。偏偏日治時期，台灣生活有了脫胎換骨的改變，不管是否出於殖民政府的私心考量，或是全世界西化風潮的影響，早期還是別談爲妙。解嚴後，政治氛圍有所轉變，日治台灣始漸被討論，生活史最關鍵一塊拼圖到位，許多研究便自然跟著出現。

生活史涵蓋範圍廣泛，本書初意是將近年來一些有趣研究做有系統收集，但如何「有系統」亦非易事。後來想起以前讀書時囫圇吞棗的「民生主義育樂兩篇補述」（此恐要跟作者同輩者才知是什麼），覺得食、衣、住、行、育（教育）、樂（娛樂）確實是生活中最重要之事，於是以此爲綱目，完成了這一篇。希望能透過這個舊瓶新酒的「民生主義」，看到台灣生活的演變。本篇中短短四十六個小單元，多半都是整理自他人的發現，而寶島台灣有趣的生活演變還有許多，有待我們一起深入挖掘，還原先輩們在生活上的創意與驚喜。

台灣小吃

南北肉圓大不同

台灣是小吃王國，各式各樣的小吃，不僅滿足了台灣人的胃，連觀光客來台亦將此列爲主要行程。台灣小吃具有多樣的特色，不僅式樣多，更是南北大不同。

回顧台灣小吃的發展歷史，最早除了從原鄉帶來外，都是以米爲主軸衍生變化，因爲當時以米爲主食，所以肉圓、碗粿、米苔目等由在來米爲主的小吃就在許多巧婦手中慢慢演變出來。但演化至今，與當時有許多差距，例如肉圓在早期肉品供應不充分時，其實是包入大頭菜或筍子，但QQ的外皮已大受歡迎，後來肉品慢慢多了起來，就加入豬肉，尤風靡全台，名稱也變成了肉圓。

台灣小吃另一特色是雖然產品相同，但在北部、中部、南部卻發展出迥異的風格。以肉圓而言，南部肉圓是用蒸的，而中部肉圓則是用炸的，佐料也不相同，兩者相差甚巨。

這種性質相同、內容卻不同的情形，還有粽子的「南部粽」、「北部粽」，有時甚至連名稱都會混淆。例如同樣叫做「滷肉飯」，在台北吃的是碎肉，名字叫做「魯肉飯」，可到了高雄，「滷肉飯」端上來的是一大塊滷得油亮的五花肉，這看在彰化人眼裡，恐不禁覺得，這一大塊五花肉的飯明明就是家鄉頗負盛名的「爌肉飯」啊！

換言之，台灣小吃呈現的變化，不僅僅有時間性，還有地域性。近幾年隨著小吃文化的盛行，街上處處可見的炸雞排、鹹酥雞堂堂成了台灣美食代表，外國遊客到此非得嚐一下。小吃，油然成了台灣另一種意象。

專賣制度

菸酒公賣局

稍有年紀的人，都知道「菸酒公賣局」。要抽菸、喝酒，就得到有掛著圓圓牌子的雜貨店去買，而且台灣賣菸酒的，也僅此一家、別無分號，理由無他，因爲這乃是由政府經營。這種爲國庫挹注大筆收益的專賣制度，其實於台灣存在多年，直到二〇〇二年台灣爲了加入WTO才廢止。

台灣的專賣制度是由後藤新平建立，一八九七年他所提議的鴉片專賣制度，被台灣總督府採納執行，不僅緩和了鴉片問題，更重要是讓台灣財政大獲改善。後藤於一八九八年擔任民政長官，翌年（一八九九年）爲了控制食鹽，將食鹽納入專賣；同年爲了讓當時最熱門的樟腦脫離外商的控制，樟腦也搖身成爲專賣的一種。

在日治時期，前後有十項列入專賣，並設立總督府專賣局管控。但眞正與民生影響較大者，除了最早實施的鴉片、鹽、樟腦外，還有一九〇五年的菸草以及一九二二年的酒。後面這兩項，尤是專賣的主要收益來源。

戰後中華民國政府接收後，雖將其他八項專賣解禁，不再由政府壟斷，唯仍留下主要的搖錢樹：菸與酒。一九四七年將總督府專賣局改組爲「台灣省菸酒公賣局」。但在專賣制度壟斷下，如果碰到員工又偷工減料，將會使人民尋求走私的洋菸、洋酒。一九四七年的二二八事件即是因此爆發，查緝私菸的人員因緝捕賣私菸的小販陳江邁，燃起了全島的怒火。

菸酒的專賣，固然讓政府荷包滿滿，卻也讓台灣人民失去品嚐國外洋菸、洋酒的機會——要喝兩口洋酒，需要付出高額的

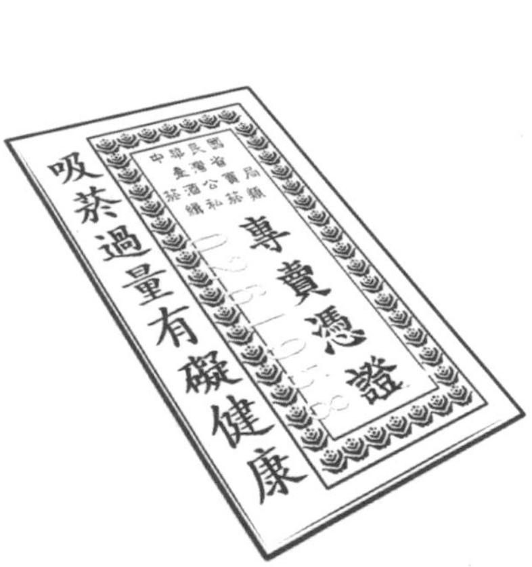

代價。直到欲加入WTO之際，政府才點頭開放，使台灣人民也能在超商買到世界各國的酒類，一飽口福。

台灣茶

改變台灣命運的茶

清末台灣開港，徹底改變了台灣的命運。最主要的關鍵是外商進入台灣，購買所需商品，而最受外商青睞的就是茶、糖、樟腦三大產物，茶的產地以北部爲主，其大受歡迎不僅帶動了大稻埕的發展，尤讓台灣北部在清末超越南部，晉升爲台灣新的政經中心。

台灣茶主要是以半發酵的烏龍茶爲主，由福建移植而來，其眞正蓬勃發展的關鍵是一八六六年，在台北大稻埕開設寶順洋行的英國商人約翰・陶德（John Dodd）。他從福建安溪引進茶苗，貸款給茶農種茶，後在大稻埕設立製茶廠，並將烏龍茶銷往紐約，大獲好評，自此開啓了台灣茶的時代。大稻埕茶商一間間陸續設立，成爲當時的商業中心，日治初期台灣總督府調查北部最有錢的富商，首位是板橋林家林維源、第二名是大稻埕茶商李春生，兩人的財富俱由賣茶而來。

喝茶在台灣非常普遍，一般人家中都有一套泡茶器具，甚至在路邊就泡起茶來喝。這種由廣東傳來的「功夫茶」，有繁複的程序及茶具，少了「功夫」還沒辦法泡茶，而此類泡茶多以烏龍爲主。

由於喝茶的普遍，台灣在一九八〇年代發展出「泡沫紅茶」，將原本是熱飲的紅茶或綠茶，加上冰塊，用雪克杯搖出冰涼口感，在酷熱的夏天也能夠暢飲茶品，帶起台灣四處設立泡沫紅茶店的風潮。此一發展在一九八〇年代後期更以奶茶加入粉圓，變成「珍珠奶茶」，這項台灣發明的飲料，不僅在台灣大受歡迎，今日全世界都能看到它的蹤跡，變成台灣最具代表性的飲品。

台灣咖啡

日本傳來的咖啡香

喝咖啡，在台灣儼然成爲許多人的日常習慣，每天不喝上一杯咖啡，便全天不來勁。咖啡傳入台灣其實並不久遠，與許多來自西方事物相同，都是在日本時期，由日本人引進。台灣最早的咖啡廳叫做「カフェ・ライオン」（Café Lion），位於今日台北的新公園內，創設時間不詳，但在一九一三年就已出現其相關報導。

早期的咖啡廳是有女郎陪喝咖啡，類似今日酒店，如台灣人所開的「維特咖啡」，在生意不佳情形下，乾脆改成酒家。反而是以「喫茶店」爲名的咖啡廳，與今日的咖啡廳比較類似，在當時可謂時髦的象徵，吸引許多時尚男女前往，同步開啓台灣喝咖啡的風潮。

與歐洲的咖啡廳類似，台灣的咖啡廳也是許多文藝青年聚集，甚至是文化的發源地。如戰前的「波麗露」，提供台灣許多畫家展覽作品，戰後的「明星咖啡」更是許多文學雜誌的辦公室（今天這兩家咖啡廳仍在營業），對台灣的文化有舉足輕重的地位，也讓台灣的咖啡館與歐洲咖啡館相同，不僅是喝咖啡，更含括文化傳承意味在其中。

進入一九九〇年代後，台灣咖啡進入連鎖店時代，來自日本的「羅多倫」首開平價自助咖啡先例，台灣的「怡客」、「丹堤」跟進，後來在一九九七年，三家義式的美國咖啡連鎖店：「星巴克」、「西雅圖」、「伊是」展開大戰，最後由財力雄厚的「星巴克」占得上風。二〇〇〇年後，本土的連鎖咖啡在「85°C」領軍下，重新開啓平價的咖啡戰火。這些連鎖店，雖壓縮了特色的咖啡廳、失去些許人文色彩，但讓更多人喝到便宜的咖啡，使之成爲台灣最普遍的飲料。

台灣酒

從米酒到高粱

美食配美酒，乃人生一大享受，台灣滿街的熱炒店內，總是有許多酒促小姐在推銷各廠牌的啤酒。但大家可能沒想過，台灣酒的發展，可與政權輪替存有密切關係。

在日治之前，台灣酒多半是農家靠著自己生產的米、地瓜所釀製的白酒，米酒也成了台灣最傳統、庶民的酒類。當時較上等的酒類爲紅酒，是用紅麴所製造的紅酒（或稱黃酒，因酒液呈黃褐色）。

日本人來到台灣後，帶來啤酒及清酒。清酒多半是日本人飲用，也從日本進口，日本曾在台灣建立清酒釀製廠，但台灣的氣候不適宜製作清酒，技術亦不如日本，因此影響不大，倒是啤酒卻在台灣落地生根。

啤酒在日本同爲外來品，一八七〇年日本第一座啤酒廠在橫濱建立，是由美國人所建。一八九五年日本統治台灣，同時將啤酒帶入台灣，當初台灣人譏笑這種不烈的酒爲馬尿，沒有太多人願意嘗試，但在二十年內它卻席捲了台灣。一九一九年，許多在台日商集資，成立「高砂麥酒株式會社」，廠址就是今天的建國啤酒廠，從此啤酒變成台灣最暢銷的飲料。

國民政府來台後，同樣帶來一些酒的文化：紹興酒取代了清酒，成爲統治者情有獨鍾的酒類，公賣局也在埔里大量生產。另一種在戰後崛起的酒類是金門高粱，這是當地民眾用高粱研發而成，原本只是想自製自飲，但當地指揮官胡璉力促下，於一九五二年興建「九龍江酒廠」，正是後來的「金門酒廠」，名震中外的金門高粱就此誕生。

從日本時代開始，台灣的酒採專賣制，除了政府生產的酒外，沒辦法喝到其他國家及民間私釀的酒。二〇〇二年加

入WTO後，此一專賣制度被取消，從此台灣的酒呈現百花齊放，不僅在超商可以買到世界各國的酒，民間的優質酒也一一出籠，讓台灣民眾更享有口福。

牛肉麵

戰後的眷村台灣味

戰後國府遷台，中國大陸各省人士落腳在這個小島上，同步帶來各地美食，於是台灣除了原有的台菜、小吃外，還加上了中國大陸不同的菜系，不論是港式飲茶、嗆辣川菜，在寶島上都吃得到。但對一般庶民而言，牛肉麵與早餐的豆漿可說是外省人對台灣飲食最大的貢獻，也成爲戰後台灣美食的代表。

牛肉麵雖常被冠上「四川」地名，但它卻是貨眞價實誕生於台灣的啨，然而究竟源於何地，目前眾說紛紜，以岡山與台北兩地最多人支持。岡山被認爲是紅燒牛肉麵的起源地（另一種是清燉牛肉麵），因爲紅燒牛肉麵以豆瓣醬爲主；源自於岡山眷村的四川人，製作家鄉的辣豆瓣醬，搭配出牛肉麵，而後風靡全台。

牛肉麵代表了台灣新的飲食方式，因爲牛肉與麵其實都非台灣人的飲食主流。台灣人直到日治時期才開始吃牛肉，亦以日本人爲主；而台灣人正餐主要是米食，戰後麵食會在台灣受到歡迎，除了與原本以麵食爲主的山東等中國北方各省人士來台有關外，還與戰後美援大量配給台灣小麥脫不了干係，政府爲此政策鼓勵民眾食用麵食。兩者結合，誕生今日台灣盛受歡迎的牛肉麵。

除了牛肉麵，另一個與外省有關的庶民美食，是豆漿早點。這是外省老兵爲了貼補家用，將家鄉經常食用的豆漿、燒餅、油條、包子、饅頭等做爲早餐販賣，後來大受歡迎。其中最有名是在永和的幾間豆漿店，「永和豆漿」遂變成這類型早餐的代名詞，與牛肉麵等麵食成爲最能代表眷村的味道。

台灣式烤肉

蒙古烤肉與中秋烤肉

講起烤肉，實在很難跟台灣美食劃上等號，但實際上台灣人卻發明（或說改良）了兩種烤肉：一是蒙古根本沒有的「蒙古烤肉」，另一則是中秋節除了傳統的月餅跟柚子外，家家戶戶參與的全島大烤肉。

或許鮮少人知道，現在我們吃的「蒙古烤肉」，其實跟蒙古毫無半點關係。台灣這種類似自助餐，由大家選擇各種肉類及蔬菜，加上醬料，然後由廚師在大鐵鍋上翻炒後食用的「烤肉」，乃是由相聲大師吳兆南所發明的。

吳兆南隨政府來台後，一九五一年在台北市螢橋（今已不存，約位於台北市同安街底）旁開設茶棚、賣烤肉維生，發明了這種獨特的「烤肉」方式，當時原本想取「北京烤肉」，但怕沾上匪諜之嫌，就找個「遙遠」的蒙古爲名，不料竟大受歡迎。後來還賣起東北的涮羊肉火鍋，也改良了火鍋，在煙囪爐口增加小蓋子；於是吃烤肉配火鍋，「東北加蒙古」的台式吃法就此誕生。

另一個台灣獨創是中秋節烤肉，所有慶祝中秋節的地區，唯獨台灣以烤肉過節，甚至全島一起大烤特烤，每條馬路旁都有人烤肉，這種特殊「習俗」究竟從何而來，如今未有定論。多半同意是從一九八○年代開始，當時台灣已經興起烤肉，漸有人在中秋節烤肉（有人認爲是外銷烤肉器材滯銷之關係），加上日趨流行的大賣場、烤肉醬業者，再添電視廣告的行銷，終使台灣的中秋烤肉潮一發不可收拾。

後來因爲強調節能節碳，政府呼籲不要在中秋節烤肉，許多縣市亦禁止民眾中秋節在公園烤肉。由此更可看出台灣中秋烤

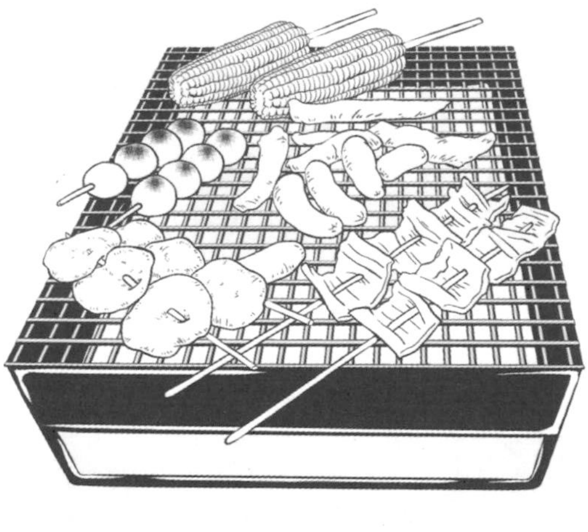

肉的盛況，無怪乎許多台灣人將中秋節戲稱爲「烤肉節」。

泡麵

另一種台灣味道

倘若要選二十世紀關於食物最重要的發明，泡麵肯定會獲得最高票。現代幾乎人人都吃過泡麵，尤其肚子餓又懶得出門時，只消一包泡麵就解決了肚皮問題，也難怪對岸稱呼泡麵爲「方便麵」。

但泡麵到底是哪一國發明的呢？正確答案爲日本。日本人安藤百福在二次大戰後，看到經濟凋弊的日本因爲食物短缺，人們連要吃一碗拉麵都不可得，遂想發明可在「任何時間與地點」吃的拉麵。他看到妻子炸天婦羅時，靈機一動，於一九五八年發明了以油炸方式保存麵條，可隨時隨地用熱水沖泡食用的速食麵，並創立了日清食品，不僅開啓了泡麵的時代，尤爲其帶來大筆財富。

安藤百福雖爲日籍，實際上他是一九一○年在台灣嘉義朴子出生，長大後先到台北做生意，一九三三年赴大阪；因當時受日本統治，故爲日籍，戰後他選擇留在大阪，未返回台灣。但因其來自台灣，故也有一說泡麵的靈感是來自台灣的雞絲麵，而非日式的天婦羅。

然無論如何，泡麵在戰後立即席捲全球。一九六八年日清與台灣的國際食品公司合作推出「生力麵」，起初因口味偏向日式，銷路欠佳，後調整口味後便大受歡迎，尤其在三級棒球揚威美國時，許多國人半夜起床看棒球，因爲肚子餓就邊吃泡麵邊看棒球，此種景象也成爲台灣民眾的集體記憶。

生力麵後來經營不善，繼之而起是統一、維力、味丹等公司，其中最具代表的統一肉燥麵、維力炸醬麵、味味A排骨雞麵，目前仍是熱銷的產品。後起之秀康師傅則以大陸市場爲主，成爲大陸泡麵的主力品牌。而這些泡麵，幾乎所有台灣人都吃過，可謂另一種「台灣味道」。

鳳梨與罐頭

一點都不土的「土鳳梨」

今日說到能代表臺灣的伴手禮，多半首選鳳梨酥，其選用臺灣生產的鳳梨作爲原料，是最能代表臺灣熱帶氣候特色的水果之一，酸甜滋味廣受海內外旅客歡迎。很多鳳梨酥，更標榜是「土鳳梨酥」，希望能更具台灣風味，但殊不知，台灣的「土鳳梨」，可是飄洋過海，來自夏威夷。

鳳梨原產地是美洲，後來輾轉傳入台灣，當時的鳳梨是「在來種」，香味十足，讓日本時代來到台灣的日人爲之瘋狂，心想該如何將這種美味帶回日本。

日本當時剛從西方引入罐頭技術不久，來到台灣的日人岡村庄太郎決定以罐頭將鳳梨美味帶回日本，總督府也予以協助，還曾讓其赴當時擁有最先進技術的新加坡考察，回台後在鳳山街設立「岡村鳳梨罐詰工場」，這也是日本時代最重要的鳳梨罐頭工廠「臺灣鳳梨罐頭株式會社」的前身。

但台灣的「在來種」鳳梨，雖然香氣十足，但它表皮的刺很深，需要先用許多人力加以處理，才能裝入罐頭。後來總督府到新崛起的鳳梨王國：夏威夷參觀，發現夏威夷的「開英種」鳳梨，表皮好處理，只要利用機器，就可以直接處理，不但節省人力，更精簡時間，於是總督府決定，要以「開英種」取代「在來種」，所以今日的台灣鳳梨，可是飄洋過海，從夏威夷來的呢。

台灣鳳梨罐頭，在戰後更是一飛沖天，產量曾爲世界第一，但在成本逐步攀高下，如今已經沒有鳳梨罐頭工廠，僅剩下高雄市大樹區留下一間日治時期的「台灣鳳梨工場」（原九曲堂泰芳商會鳳梨罐詰工場），讓人回味當年席捲全台的鳳梨罐頭。

服飾與髮禁

從唐衫到西裝

穿在身上的衣服，其實有多層象徵意涵，尤其是在政治方面。四百年來政權時常變動的台灣，人民的服飾無疑地跟著多所更動。

台灣以漢人爲主，明清之際最顯著的政治象徵就是剃髮易服，滿人要求投降的漢人皆須剃頭留辮子，甚至與鄭成功談判時，也要求僅須剃髮則其他都好談，可被鄭成功一口拒絕。有趣的是，滿人帶來的剃髮、旗袍，在清代統治約兩百年後，漢人卻從寧死不屈變成民族象徵，爲此與日人有所區隔。

日人治台以後，因爲明治維新的關係，主要帶來的服飾反倒是西服、洋裝，台灣人接受度頗高，和服多半是日人穿著，也有台灣人仍著唐衫。日本治台初期，在「尊重舊慣」原則下，對於穿唐衫、留辮子的台灣人並無強制要求改革，只是運用各種方式勸誘台灣人改變，例如當時想上新式學校就得要剪掉辮子，許多人迫不得已、剪下辮子時，都哭對祖先牌位，表示對不起列祖列宗，比對祖先們爲不留辮子而抗清，歷史的混亂性可謂時常可見可聞。

日治後期的皇民化運動，開始打壓唐衫、旗袍，強調和服，但戰後中華民國政府來台後，和服迅速消失在台灣，足見皇民化運動在台灣之觀感。戰後西服、洋裝仍舊是一般民眾的主要穿著，代表政府的穿著則是長袍馬褂與旗袍，然除了特殊場合外，少有人做此穿著，而如今政府正式服飾也以西裝、套裝爲主。

戰後在頭髮上反而管束甚嚴，國、高中的男生一律理光頭、女生全部都是西瓜皮；

一九六〇年代嬉皮風行時，警察更會在街上，以「妨礙善良風俗」的名義，將留長髮的男性帶

到警察局剪髮。時至今日看來，相當不可思議。

婚紗與婚禮

從紅喜袍到白婚紗

在台灣服飾轉變中，落差最大是代表的顏色，這在婚事中尤爲明顯。今日許多台灣女性，其最大心願之一，就是披上純潔的白紗，舉辦一場浪漫婚禮，殊不知這種單純的心願，如果在百年前，將會被大家視爲異類。

對於傳統漢人而言，代表喜事的顏色爲紅色，尤其是大紅，因此女生結婚，當然要穿上大紅喜袍。至於白色，則是代表喪事，只有在親人過世時才會穿著，因此如果喜事穿著白色的衣服，對所有人而言，恐怕都是一種不吉利的象徵。

但對西方人而言，顏色的意涵恰好相反，使用白色的婚紗最佳，紅色則最糟糕。東西兩種截然不同民情相遇，最後是西風壓倒東風，如今滿街都是白色婚紗，罕有人穿著鳳冠霞帔宴請賓客，這種情形，跟全世界的西化境遇是相同的。

也因此，婚禮的整個改變，不僅見於穿著，更不光光只有女性，男性的穿著亦從長袍馬褂變成了西式禮服。而這中間的漫漫過程，也不是一次到位，像是女性的婚紗，既然一開始老人家無法接受白色，只好一度流行粉紅婚紗，因此在台灣歷史上，不僅有紅色、白色，還有粉紅色系爲主軸的婚禮。

隨著相機的發明，「婚紗照」幾乎成了婚禮不可或缺的一部分，婚紗、婚紗照、婚禮發展出一門專業，全台各地都有許多婚紗店，在當地更形成婚紗街，爲將步入禮堂的新人提供服務。而台灣婚紗照的多樣化更前進中國，婚紗及婚禮的大變化，可謂兩岸皆然。

台灣紡織業

做衣服做出台灣奇蹟

今天我們提起紡織業，總認爲這是「做衣服」的傳統產業。殊不知，戰後的台灣經濟奇蹟，就從這一件件的衣服而來，如今台灣許多耳熟能詳的企業更是由紡織業蛻變而來。

一九五〇年代，政府所發展的經濟政策是「進口替代」，亦即要讓民生必需品由國內製造，節省大量進口的外匯，並扶植國內廠商崛起。在這當中，最重要的產業之一爲紡織工業，因爲大家都要穿衣服，自己能做就不用進口。而另一個主要原因是當時的美援供給大量棉花，在原物料不虞匱乏情形下，紡織產業就此起飛。

政府爲讓紡織業能夠快速發展，採用了許多保護措施，例如提高關稅等。但讓紡織業能夠一飛沖天之推力乃是配合美援原料的「代紡代織」政策，由政府向美國購買棉花，交由各紡織廠代紡。

換言之，在代紡代織政策下，各廠所用原料都不需自行採購，也不需要自行銷售，因利潤有所保障，故容易籌措資金，更有利於發展。紡織業在政府的保護傘下，逐漸壯大。

紡織工廠因此成爲戰後民間第一代企業的搖籃，許多企業從紡織發跡後，隨著時代演進投資其他產業，成爲台灣目前最重要的產業集團。

例如台南紡織後來成爲著名的「台南幫」，旗下企業以統一最爲著名，堪稱台灣食品及流通業龍頭；新光集團則登上台灣的金融、保險及百貨業龍頭；遠東企業同樣跨足百貨及其他產業；台元紡織後來衍生的裕隆汽車尤成爲汽車產業龍頭；潤泰也以經營建築及大潤發量販，雄霸海峽兩岸。紡織業於焉成爲戰後台灣民間產業的重要源頭。

台灣建築

從土角厝到一〇一

居住乃人生重要的大事之一，每個地區、每個族群的建築風格，都會有其特色。台灣歷經各個不同種族的統治，其建築風格自然有所變化，走在台灣的大街小巷，時常可看到每個時代留下的建築記憶。

台灣最早定居的原住民各族，根據其居住地區，有各自的建築風格。如排灣、魯凱、布農族的石板屋，達悟族的地下屋，都是受到當地地形、氣候因素影響而發展的形式。

從荷蘭時期開始，荷蘭、西班牙、漢人陸續來到台灣。荷蘭、西班牙統治者留下的建築物不多，倒是大批移入的漢人，成立了一個個聚落，其建築風格便成爲台灣傳統的建築樣式。

漢人傳統聚落習以寺廟爲中心，房屋則用土角與紅磚建造平房及三合院。尤其是以日曬方式所製造的「土角」（土磚），因製作方式簡單，且在炎熱的台灣，其隔熱、散熱效果較佳，故而廣受民眾歡迎；唯其較不堅固，一遇上地震多會造成極大損傷。

日人入台，不僅帶來日式木造建築及西方建築，同時引進都市計畫、公園等城市營造，讓台灣居住空間出現重大改變，在建材方面，水泥開始大量使用，鋼筋混凝土的建築亦陸續出現，讓居住品質更安心，也減少島上的颱風、地震威脅，許多公共建築，如總督府（現總統府）、各州、市政府、法院、學校等戰後繼續使用，如今在各地仍可見。

戰後建築以西方現代建築樣式爲主，偶有融合中式外觀的

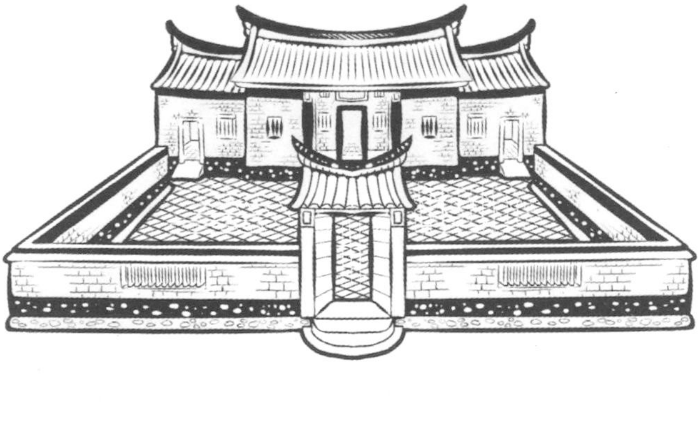

公共建築，如台北國父紀念館、中正紀念堂、高雄市孔廟等。近幾年則結合知名設計師，陸續興建地標型建築物，如台北市一○一大樓、高雄市八五大樓、世運主場館等，一般建築跟著漸趨活潑及創意化，讓台灣的街頭巷尾更形精采。

寺廟聚落型態

熱鬧的廟前廣場

台灣小吃遠近馳名，不僅台灣民眾很喜愛，觀光客到台灣來更是非嚐不可。有趣的是，許多以小吃聞名的景點，仔細一看就位在寺廟門口，像是基隆奠濟宮前的基隆廟口夜市、新北市金山金包里老街廣安宮的金山鴨肉，或是大稻埕慈聖宮前，都是名聞遐邇的小吃聖地。

許多傳統小吃集合在廟前廣場，與漢人的聚落型態息息相關。漢人移民到台灣後，將原鄉的守護神帶到台灣，並在村莊中心蓋廟供奉，而廟前的廟埕廣場就成爲村莊大小事的集合地。不僅有事大家在此討論，平常沒事也都在此聊天，神明生日時，廟前廣場聚集許多歌仔戲、布袋戲的劇團，尤顯熱鬧滾滾。

故此，廟前廣場可說是村莊的人氣中心，自然會吸引許多小販到此設攤，讓聊天聊累的人們有吃有喝，甚至成爲解決三餐的地點，久而久之，攤商闖出名號後，還有許多人慕名而來，成爲當地最負盛名的小吃。

這些廟前小吃，亦不見得自清代流傳下來，比如高雄市哈瑪星的代天宮，雖是戰後才興建，依仍聚集了許多小吃攤，形成當地最有名的小吃中心。而這些小吃攤，偶會與廟中神明有著奇妙關係，例如大稻埕慈聖宮前的攤商，是特別詢問神明，經由神明點頭，才成就了廟前的美食天堂。

從廟前小吃，尤可看到台灣聚落中寺廟的重要性，廟前廣場更是當時不可或缺的公共空間。建議下次不妨到你家附近的大廟前，坐在廣場樹下，一邊吃附近小吃攤所賣的傳統小吃，一邊欣賞寺廟的建築，看著當地居民與寺廟的互動，切實感受台灣的生命力。

公園
都市中的綠洲

公園與都市計畫相同，皆是起源自西方而由日人引進台灣的產物。日本最早的公園是一八七三年將許多神社、佛寺轉變而來，如東京的上野公園來自寬永寺。至於台灣最早的公園則是一八九七年的台北圓山公園，隨後在一八九九年建立了第一座城市公園——台北新公園（今日的二二八紀念公園）。

從名稱可以看到，既然叫做「新」公園，也就是帶給台灣人全新感受的事物，這個平地而起的公園，移植了噴水池等西方庭園的型態，與板橋林家或台南吳園那種中國式庭園有極大差異。

除了公園外，日人也帶來了都市計畫的概念，因此許多公園就如同台北新公園一般，在都市中央以腹地廣大的優點，供給民眾們進行休閒、表演、運動（許多公園中有運動場）等活動的用途。而公園中栽植的成片樹木花草，在台灣都市綠地越來越少的情形下，等同於今日扮演起「都市之肺」的角色。

以屏東市的屏東公園爲例，屏東市因彼時多爲日人居住，故在一九一五年興建該公園，公園內有水塘、假山及噴水池，還有紀念日人領台以來相關殉職軍人、警察之「忠魂碑」，更於一九一九年興建神社，而後陸續增設網球場、飲水台、參拜步道等。該地遂成爲屏東市的中心

區，兩旁不僅林列許多酒店、料亭，也有以運動、休閒爲主的俱樂部，可說是屏東市最熱鬧的地方了。

從此例不難窺出公園對都市發展及當地居民的重要性，如今「興建公園」成了最受台灣民眾歡迎的公共建設，兩旁的屋價都身價不斐，再多增闢一些公園，應是各地居民最大的心願。

廁所

日本帶來的現代化廁所

二〇〇七年，《英國醫學期刊》進行了一次票選，選出自一八四〇年以來最偉大的發明，結果「廁所」脫穎而出。乍聽之下或許難以理解，每天都要進行的事情，有何偉大可言？但仔細想一想，若沒有廁所，內急時只能隨地解決，整個城市不就充滿臭味，更可怕的是，滋生的細菌，將會使得整個城市暴露在隨時生病的危機下。

「廁所」這個東西其實經過多次演變，古代也有尿桶或挖坑洞解決，當時地廣人稀，影響不大。工業革命後，人類集居在都市，寸土寸金的都市，很難隨地解決，尤其是英國倫敦。十八世紀英國已經發展出現代的馬桶樣式，唯當時並沒有下水道系統，所有的汙水都倒入泰晤士河，因爲當時的人還不知道喝下汙水會致病，吃喝拉撒全靠這條河。眞正建立起下水道，是源於一八五八年夏天爆發「大惡臭事件」，泰晤士河臭得讓人受不了，於是議員同意蓋了一條規模宏偉的下水道。此即是前述被選出的最偉大發明。

現代化的廁所乃是日人來台後才帶來，日人來台前，雖已有廁所的設置，仍有許多人隨地便溺。日人希望改正這些習慣，嚴格地取締，而後在一八九七年五月，在台北設立由政府興建的公廁，提供民眾方便。由於當時的房屋內多半沒有廁所，於是政府興建公廁供給大眾使用。

但在日本統治時期，台灣的廁所仍多半爲蹲式便池，直到戰後才慢慢變成今日的坐式抽水馬桶，汙水下水道的普及率也一直不高。倒是日本本土對於廁所的研發一直持續，還發明了可以自己沖水

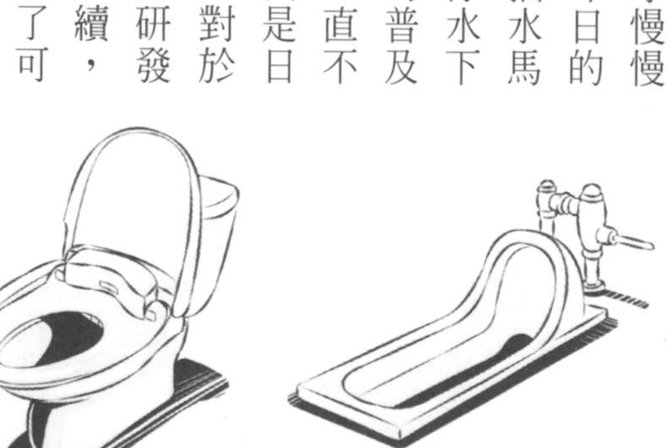

的免治馬桶。漫畫《羅馬浴場》中，穿越時空的羅馬人對此感動到痛哭，亦可看出日人對此項發明的驕傲。

竹籬笆的春天

眷村的形成與影響

一九四九年，國民黨政府在中國大陸戰場失利，大批軍隊、公務人員及眷屬隨政府播遷來台，台灣一口氣塞進這麼多人，居住之地立即成了個問題。

由於軍隊多半接收原來日本軍隊的營區、設備甚至宿舍，因此原來的宿舍就成爲國民黨軍隊及眷屬居住的地方。而這些宿舍勢必無法容納大批來台者，於是，官階高的還能夠住在日軍原規劃的宿舍區中，官階低的就只能隨便搭蓋，將就住了起來。而急就章搭蓋的房子許多都沒有浴室，居住空間也狹小，但沒想到一住就是這麼多年。

這些軍隊眷屬居住的地區，便叫做「眷村」。住在眷村裡面的多半爲外省人，且來自不同省分，眷村遂成了各省的大熔爐，形成獨特文化，例如海軍大本營的左營，四處都有眷村，看電影要去海軍的中山堂、著名的左營小吃也是以麵食聞名的牛肉麵及餛飩。只是這些被竹籬笆圍起來的空間，與台灣社會存在明顯的隔絕，讓外省族群遲遲無法與台灣社會徹底融合，然此類區域也成爲戰後最特殊的空間。

隨著時代流逝，眷村慢慢走入歷史。一片片原本在結構上有瑕疵的眷村依次改建成大樓，外省第二代、第三代逐步融入台灣社會，以往竹籬笆圍起來的世界亦不復存在，這段歷史卻已形成台灣特有的文化。如今眷村菜餚、回憶眷村的電視影集（《光陰的故事》）、舞台劇（《寶島一村》）紛紛上演，各地的眷村文化館也陸續成立，希望能留住這段相當獨特的歷史記憶。

交通的重要性

交通型態與城市興衰

交通乃人類移動之方式，隨著不同交通工具的出現，台灣的交通方式也出現數次變革：最早以水運爲主，後來則是鐵路、公路帶動台灣發展，航空與高鐵則改變了移動的時間，實現「一日生活圈」的夢想。

交通型態往往與城市興衰有關，重要的城市向是交通樞紐，所有的貨物、旅客至此集合，才帶動城市發展。因此交通型態改變了，常常就有城市因此衰落，而有的城市卻由此而興。

這種例子在台灣屢見不鮮，台灣在古早水運時代，最繁華之市首推「一府二鹿三艋舺」，這三個城市都是港口。等到鐵路、公路逐步興起，再加上這些港口自身所遇到的淤積問題，重要的城市就開始轉移。一九〇八年的縱貫鐵路完工，成爲台灣最重要的交通幹道，縱貫線最主要大站——高雄，結合了新港口，逐步取代府城台南的地位。最南端的屏東尤爲明顯，在屏東線（高雄到枋寮）完工後，原本靠著水運而興（高屏溪）的城市：里港、萬丹、東港，就被沿著鐵路線的屏東、潮州兩地所超越了。

同樣的情形亦出現在公路、高鐵上，例如今日高鐵所經過的幾個車站，多半位在城市郊區，卻慢慢因轉運成爲當地重心，像是高雄左營車站。左營原本是清代鳳山縣的縣城，但因當地不如商業大城下埤頭（今鳳山）繁榮，最後縣城遷移至鳳山，從此左營即是高雄北邊的小

聚落，直到高鐵設站後明顯帶動當地發展，才成為高雄新的重心。由此便可看到，交通對於台灣城市發展的重要性。

台灣的水運時代

正港、下港、頂港

在腳踏車、汽車未發明之前，人類最方便快速的運輸管道就是利用海洋與河流，台灣也不例外。尤其不得不提的是，台灣的河流湍急，架橋極為困難，如遇大雨便往往得在渡口等待渡河，讓陸運更不穩定，使得日治以前台灣重要城市均為港口。

舉例而言，台北地區早期的重要聚落都依傍淡水河，從艋舺（今萬華）、大稻埕到淡水均是，貨物利用淡水河運輸，至艋舺、大稻埕上岸買賣，讓這兩地成為台北早期最繁華的商圈。

清廷治台後，在對台往來上，採取嚴格的管理方式，僅陸續開放「安平－廈門」（一六八四年）、「鹿港－泉州」（一七八四年）、「八里坌－福州」（一七九四年）三條航線，而安平、鹿港、八里坌（今八里）遂成全台少數能夠與對岸直航的「正港」。安平、鹿港與八里坌下游的艋舺，亦拜兩岸貨物貿易之賜，造就當時最繁榮的「一府二鹿三艋舺」，這些貨物因比起走私貨的品質為佳，故「正港」就成為貨物優良的代名詞。

當時台灣內部航行同樣以海、河運為主，所以北部民眾稱南部是來自「下港」，南部民眾稱北部是來自「頂港」，所以講到名氣響叮噹，就是「下港有名聲、頂港有出名」。

而港口更是與國外聯絡的窗口，一八六〇年代，清廷在《天津條約》、《北京條約》中同意開放台灣要港，原只開放兩個港口：安平及淡水。但法國駐福州稅務司美里登（De Meritens）作了解釋，將雞籠（今基隆）列爲淡水的副港、打狗（今高雄）列爲安平的副港，一併開放。日後，基隆與高雄超越了淡水與安平，晉身台灣最重要的港口。

腳踏車登場

腳踏車王國

幾年來，台灣吹起一陣腳踏車熱，各地都興建了美麗的腳踏車專用道，每逢週末假日，休閒健身的民眾幾乎擠爆所有車道。實際上，腳踏車的出現，對人類交通史可謂相當重要，從腳踏車開始，人們不再用其他的動物代步，並逐步發展出摩托車、汽車。

現代腳踏車，其實經過多次的演化。最早的腳踏車是一八一八年德國人德萊斯所發明，由於這時腳踏車沒有鏈條，因此腳踏車越改越大，甚至變成前輪很大、後輪很小的形狀，騎起來險象環生。一八七四年，英國人羅松將鏈條加上去後，現代腳踏車才逐步成形。

腳踏車何時引入台灣並不確定，腳踏車相關資料出現，始於一九〇〇年左右。此後腳踏車快速在台發展，連最南端的屏東市（阿緱街），在一九〇六年也記載其腳踏車熱，當時每輛車要價高達一百五十圓至二百圓的高價（新進教師年薪約六百圓），購買者依然絡繹不絕，屏東市當地就擁有兩百輛腳踏車，其中一百七十輛爲台籍人士所購買，讓僅有的二間腳踏車店（和泉支店、輪友舍）忙不過來。之所以如此，除了新道路的修築外，某位台籍米商利用腳踏車送貨，展現優越機動能力，節省許多時間，讓其他商店群起效尤，掀起這股熱潮。

戰後初期腳踏車依舊是一

般民眾代步的主要工具，至摩托車興起後，腳踏車重要性始逐年遞減。腳踏車長期以來是重要的台灣產業，捷安特與美利達是其中兩大車廠，所生產腳踏車行銷全世界，使台灣被譽稱「腳踏車王國」。不過台灣騎腳踏車者，在安全及時間顧慮下卻越來越少，直到一九九七年台東關山開闢第一條自行車專用道，結合休閒、環保、健康的腳踏車才又掀起熱潮，至今不衰。

台灣公路發展

三線道與台一線

與腳踏車、摩托車同時期，台灣的第一台汽車也跟著出現了。一九一二年，知名旅館「日の丸館」的老闆杉森與吉購入台灣首輛汽車，除了自用，亦供旅館載客。汽車在台灣的發展速度與其他交通工具一樣，前幾年寥寥可數，後來就快速起飛。以最南部的高雄州（今日的高雄市及屏東縣）爲例，今天的屏東地區遲至一九二四年才有第一台汽車，當年年底，全高雄州僅有十三台汽車，但翌年（一九二五年）便快速激增至七十七台。

汽車的成長，不僅促進公路客運誕生，更使台灣公路迫需升級；清代的官道多半是最天然的泥巴路，牛車在上行走即引起塵土飛揚，行人走來也不舒服。日人來台後，開始建設現代化道路，最有名的就是一八九八年將台北城牆拆除，改建爲道路，即是今日的中山南路、愛國西路、中華路、忠孝西路所圍起的區域；這條道路仿西歐林蔭大道，由兩列三公尺的綠帶隔出三條道路，只是不像現在的快、慢車道，那時三線道的兩側是人行道，中間才是車行道。綠帶、行道樹交織出美麗景致，帶給台灣人全新的體會。

隨著各地腳踏車、摩托車、汽車的普及，修建公路的工程需求漸顯迫切。清代南來北往，傳送公文的「官道」是貫穿全台道路的雛形，但這條官道未有詳盡規畫，且當時工程技術無法在台灣湍急的河道上架橋，所以這條道路遇河即停。日治時期爲了軍事需要，開始建設橋樑、拓寬道路、鋪上碎石，於一九一六年將這條北起基隆、南到屏東的道路命名爲「縱貫道」。

二次世界大戰時，這條道路常被轟炸，戰後公路局將其修復，北起台北市行政院前忠孝西路、中山南路口，南至屏東縣鵝鑾鼻（後將終點改爲屏東縣楓港），於一九六五年將道路編號爲「台一線」，成爲台灣最重要的公路交通主軸。一九七八年中山高速公路通車，才逐步取代其地位。

鐵路大開展

從騰雲號到高鐵

搭火車，幾乎是台灣每個人共有的記憶，不論是台鐵的火車便當，或是高鐵帶來的便利與舒適，都讓人津津樂道。但火車在台灣，其實不過百餘年光景。台灣最早的火車，來自於中國的自強運動；清廷在一八四〇年鴉片戰爭戰敗後，決定要模仿西方的船堅砲利，帶動西方工業革命的火車，自然也是引進的目標。

自強運動在台灣，以清末劉銘傳的一連串改革爲主。其路線是基隆到新竹，一八八七年四月在大稻埕開工，一八九一年基隆至大稻埕通車，一八九三年通車至新竹，台灣正式進入鐵路時代——當時服役的台灣第一輛火車「騰雲號」如今保存於二二八紀念公園。瞧著「騰雲號」，便可以想像當時它奔馳在台灣時，大家對這個跑飛快的龐然大物，是多麼驚訝！

鐵路在台灣大規模的開展，是日本來台後之事。台灣總

督府於一九〇八年興建完成基隆到打狗（今高雄）的縱貫鐵路，從此台灣的建設主軸都以鐵路爲基礎，例如台灣總督府大力推廣的糖業，最後都透過火車到打狗港，運往日本本島或其他地區。而各地糖廠也都有載貨及客運的五分車，鐵路網密布全台各地，直到糖業不再風光，加上公路逐步興起，才使許多鐵路及車站被廢棄不用。

鐵路的另一場革命，則是二〇〇七年通車的台灣高鐵，從此台北到高雄僅需一個半小時，西部的「一日生活圈」立即成形，台灣人的生活模式跟著改變。而影響所及，原來北高的航空客運也在二〇一二年劃上句點，高鐵、台鐵加上捷運的「三鐵」逐漸成爲台灣運輸的主軸，徹底改變台灣的交通生態。

飛機在台灣

台灣的飛行夢

飛行是人類自古的夢想，但人類眞正能翱翔天際，卻要到二十世紀，一九〇三年十二月十七日。這一天，萊特兄弟實現了人類飛翔之夢想，從此航空事業一日千里，飛機已是今日大家習以爲常的交通工具。

台灣島內的第一次飛行，是在一九一四年三月二十一日。日本飛行家野島銀藏在新店溪畔，台北市中華路二段的馬場町練兵場舉行的飛行表演，現場湧進三萬多人，希望能目睹這歷史性一刻，當飛機飛起時，全場歡聲雷動。

飛行一開始，最主要用在軍事上，在台灣，更特別是對於原住民的征服。日本陸軍航空隊於一九一七年在台灣進行耐熱飛行，行程中特別安排「番地飛行」，對不聽話的原住民部落投下炸彈，沒想到效果奇佳，當飛機低空掠過山地之際，眾多反抗日本統治的原住民部落受到驚恐而求和「歸順」。如當時同屬阿緱廳管轄的六龜萬罣蘭社，原是

積極反抗的部落，但當日飛行隊行經其上空時，正逢頭目母喪之日，全社民眾集合致敬時，突然聽到天空傳來巨響，抬頭一看有大鳥展翅下糞，鳥糞落地時還造成三、四位族人受傷，全社對此「鳥糞」（其實是炸彈）驚恐不已，遂告歸順，大批官方飛行隊因此來台。

除了日籍飛行員，台灣在日治時代也出了八位飛行員，第一位的豐原人楊文達在一九二三年台籍菁英至東京請願時，更在東京空中撒下傳單，從空中告知東京市民台灣人的心聲。而最有名的是第五位飛行員，高雄右昌楊家的楊清溪，他於一九三四年受訓回台後，希望能駕著其私人飛機「高雄號」完成飛行環島一周的壯舉，不料在途中墜毀身亡，年僅二十七歲；家人爲紀念他而建造了一座飛機造型的墓園，現在則成爲右昌當地的公園，等同見證著台灣在日治時期的飛行歲月。

汽車靠哪邊？

從靠左到靠右

隨著出國旅遊風氣大開，許多國人常到日本自助旅行，甚至租車暢遊當地。可是在日本駕駛時，卻會對於日本「靠左行走」的習慣大感吃不消，這不免讓人想到，在汽車開始引進台灣的日治時期，台灣汽車究竟是靠左走？還是靠右走？

答案是靠左走，所以也是中華民國政府接收台灣後的一九四六年三月才改成靠右走。但這個制度，並不是原來就存在於中華民國，在此之前，中國各地要向左走或是向右走，也是「各省大不同」！全世界主要國家中，日本、英國都是靠左走，美國則是靠右走，而中國南方各省受英國影響較深，都是靠左走，北方各省受美國影響較深，全都靠右走，直到一九三〇年的新生活運動，政府才統一爲全國靠左走。

但短短不過十幾年，爲何又要來一次大翻轉，變成了靠右走呢？

最主要原因是跟抗戰時美軍有關，當時運到中國的汽車，都需要重新改裝，才能上路，改裝費用甚至高達原車價的百分之十二，這對於當時財政困窘的政府而言，自然是一筆不小開銷。除此之外，來到中國的美軍，更因爲不習慣靠左走，常發生車禍，加上世界趨勢都是靠右走，於是一九四六年一月開始，從靠左走改爲靠右走，而台灣剛巧在一九四五年十月納入中華民國管轄，也跟著「從左到右」。

汽車靠右走，行人要靠哪裡？經過一番爭論，最後給了籠統的答案：「行人靠邊走」，這個改變，後來兩岸都持續遵行，直到現在。台灣民眾對此沒有太大的意見，反是文革時期的中國，認爲靠右走就是向右（資本主義）傾斜，再說紅色是革命的顏色，紅燈怎麼能停呢？於是規定汽車靠左走，且紅燈開車、綠燈通行。但一如所有的「政治干預」，造成交通事故不斷，最後在民怨四起下只能默默退場。

十大建設

高速公路的出現

來個「百萬小學堂」的題目：十大建設是哪十大？

相信很多人回答不出來，或是只能答出幾項。實際上，十大建設多半成功，但也有幾項較少使用，許多人早無印象。

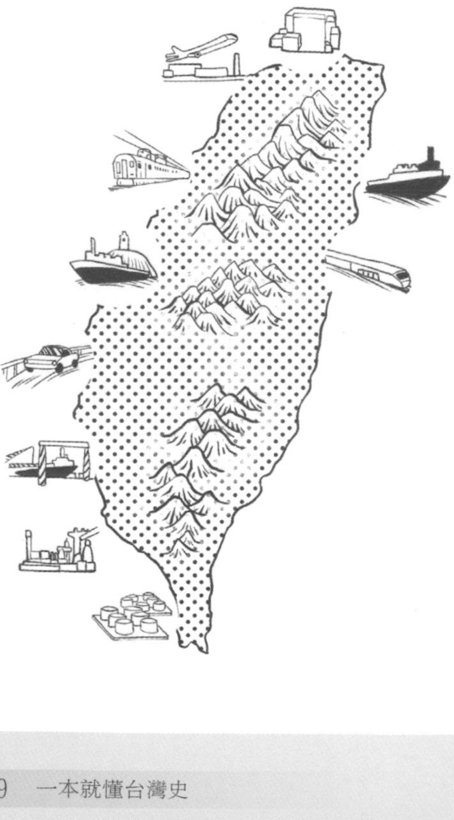

十大建設可分爲兩大類，第一是交通基礎建設，共有六項，包括目前仍使用頻繁的南北高速公路（今中山高速公路，也就是一高）、中正國際機場（今台灣桃園國際機場）、北迴鐵路、鐵路電氣化，以及使用較不頻繁的台中港、蘇澳港。第二類是工業建設，共有三項，包括重工業的中國鋼鐵公司及中國造

船公司（今台灣國際造船有限公司），以及輕工業的石油化學工業（中油高雄總廠及仁武、大社工業區），這三項都集中在高雄。最後一項是與電力相關的核能發電廠（核一廠）。

交通部分對於國人最為重要，從此高速公路在台灣落地生根，如今西部處處有公路。桃園國際機場成為國人出入台灣的大門，北迴鐵路則讓東部民眾到台北更加便利。

十大建設是從一九六〇年代就開始規劃，是中華民國遷台以來，首次大規模以基礎建設為主的大型公共建設。而一九七二年蔣經國接任行政院長後，碰到石油危機的衝擊，於是將規劃中的建設整併，於一九七四年宣布執行。原本為九項，後加上核能電廠，構成十大建設。

十大建設在執行時備受質疑，於蔣經國強力主導下執行，其名言是「今天不做，明天就後悔」。後來的確發揮了效用，以大型公共建設帶動內需，讓外銷為主的台灣度過因石油危機產生的經濟危機。此也讓十大建設成為一種政治「典範」，許多政治人物上台後便推出類似的幾大建設，至今已有十二大建設、十四大建設、六年國建、新十大建設、愛台十二大建設，但無一有十大建設之功效。

貨櫃與運輸革命

世界大港高雄港

高雄港是日治時期台灣總督府積極建設的港口，配合周遭的工業設施，逐漸取代基隆港，成為台灣最重要的港口。一九七〇年代後，台灣代工產業逐步開展，每天進出高雄的貨櫃船及貨櫃車數以千計，更曾一度高居世界貨櫃第三大港。近幾年在台灣產業西移大陸情形下，高雄港的貨櫃量逐步遞減，亦能看出台灣的經濟興衰。

高雄港躋身世界大港，與全世界的生產中心向亞洲移動，以及貨櫃之發明密不可分。利用貨櫃船裝運貨櫃，可使貨物規格化，裝卸工作藉機械化縮短作業時間，節省總輸送時間，讓運輸成本壓到最低；如此工廠只需注意人力成本，於是紛往人工較低的亞洲各國移動。

用船舶來運輸貨櫃起源於一九五六年春，美國的馬克林工業公司，改裝四艘T2油輪，投入紐約至休斯頓間之運輸工作。翌年（一九五七年），其子公司海陸（SEA LAND）公司，將六艘C-2型貨船改裝成貨櫃專用船，航行於美國沿岸，此即世界首艘裝載兩百二十六個三十五呎貨櫃之貨櫃專用船「GATEWAY CITY」。後海陸公司在一九六六年首次利用貨櫃船「FAIR LAND」投入紐約、歐洲的國際航線，讓貨櫃船成爲主宰海上運輸的霸主。

貨櫃船進入台灣，則始自一九六九年。當年政府決定由高雄港試建貨櫃碼頭，中國航運公司將性能較優的雜貨船，改爲裝卸十公尺貨櫃的貨櫃船，高雄港也將蓬萊區一號碼頭，改爲臨時貨櫃碼頭。

一九六九年十一月，中國航運公司的第一艘貨櫃船「東方神駒號」到高雄港停泊作業，開啓了高雄港貨櫃作業的新紀元。

貨櫃對於全世界以及台灣，都有著革命性的影響，即使到了今天，高雄的街頭仍舊充斥著貨櫃車。高雄市政府每年舉辦「貨櫃藝術節」，利用貨櫃創造藝術，尤可看出貨櫃與這個城市密不可分的關係。

捷運在台灣

最多爭議的交通工具

今天在大台北都會區生活，最便捷的交通工具就是捷運，所以台北捷運無時無刻都擠滿人潮。但台北不是台灣唯一擁有捷運的地方，跨過濁水溪，到了高雄也有高雄捷運，只是高雄捷運人潮明顯不如台北，年年的虧損更被大家抨擊，連帶使得捷運在台灣興建的腳步緩了下來。但後來通車的桃園機場捷運以及即將行駛的台中捷運，仍讓台灣有「捷運經驗」的城市，多了好幾個。

實際上，捷運發明甚早。全世界最早捷運誕生於倫敦，一開始的動機是爲了更有效率的運送勞工到工廠上班。一八六三年一月十日，全長六點二公里，連接倫敦市區比夏斯路（Bishops Road）到費靈登（Farringdon），行駛蒸汽火車的「地下都會鐵路」（Underground Metropolitan Railway）正式通車，開啓了人類的捷運時代。

台灣的捷運則整整晚了百餘年。一九八八年台北捷運正式動工，直到一九九六年三月二十八日，台北捷運木柵線（現改名爲文湖線）正式通車，台灣進入捷運時代，對大台北地區（台北市、新北市）的民眾而言，從此捷運成爲日常生活的一部分。

其實在台北捷運施工時，同時期亦有高雄捷運及台北到桃園國際機場的機場捷運進行規畫，但高雄捷運規畫期一延再延，一九九〇年就設立籌備處的高雄捷運，直到二〇〇一年才開始動工，二〇〇八年才完工通車，成爲台灣第二條捷運。而機場捷運命運更坎坷，原先採民間施工，在一九九六年由長生公司得標，但一直無法施工，二〇〇二年改由政府接手，在二〇一七年正式啓用。另一條捷運是台中捷運，已於二〇〇九年十月動工。

捷運在台灣，不僅南北使用上有差別，施工時亦常出現問題。台北捷運有試車時的火燒車事件，高雄捷運則傳出泰勞弊案，機場捷運更一拖再拖。捷運在台灣的步伐，也是跌跌撞撞，比起鐵路與公路，捷運可說是台灣最坎坷的大眾運輸系統。

教育的演進

從四書五經到國語數學

教育一直是台灣社會最受重視的一環，但四百年來，台灣的教育是如何演進的呢？

台灣最早的學校出現在荷蘭時代，荷蘭人爲了要推廣他們的宗教，不僅創造了台灣最早的文字，一九三六年更在新港社開設了台灣第一間學校，開啓台灣的教育。唯彼時的教育主要目的是爲了讀懂聖經，由此可看出歐洲國家政教間的關係。

明鄭與清代則帶來了中國的教育系統，由陳永華帶來的科舉與太學，清代時延續進行，並設置許多書院。中國教育與荷蘭不同，教導的是講求尊君的儒學，以四書五經爲主，讀書的目的主要是當官，透過三年一次的科舉考試，考上了就能當官，光耀門楣，「學而優則仕」的觀念到今天仍被台灣社會所接受。

日治時期則帶來不一樣的教育方式，新式教育讓台灣人大開眼界，體育、美術更是前所未見。日治時期的教育是基於殖民地思考，除了以日籍學童爲主外，也是爲了讓台灣民眾能夠學會「國語」（日語），融入統治者的社會中。日治初期，日本政府尤經過思考，覺得應該在台灣培育醫生及教師，故高等教育僅有醫學校與國語學校（後來的師範學校），影響所及，今日台灣的菁英仍以醫學院爲第一目標。

戰後中華民國政府來台後，教育逐步普及，從六年、九年到十二年教育，讓讀書成爲台灣民眾每個人的權利及義務。隨著一九九〇年代教育改革，大學跟著從窄門變成只要有身分證就能唸，這雖然讓就學率更爲提升，但要擠進一流學府的競爭不

變，補習班也成爲另一個屹立不搖的教育產物。

新式教育出現

百年老校的誕生

近幾年來，許多較具傳統的國小，紛紛慶祝百年校慶，於是台灣各地陸續有「百年國小」的出現。這些百年學校恰說明台灣新式教育的歷程。

新式教育，也就是我們現在習慣的西方教育方式，乃是隨著日本政府來到台灣。一八九五年日本治台後，就在台北市芝山巖設置台灣第一間小學：芝山巖學堂（今台北市士林國小）。一八九六年元旦（一月一日），在芝山巖學堂服務的六位老師，於山下遭抗日游擊隊殺害，此被稱爲「芝山巖事件」，台灣總督府不僅立碑、興建神社紀念，受害者也成爲殖民時期爲教育犧牲奉獻的代表。

台灣總督府於一八九六年設置國語學校及國語傳習所，顧名思義乃要教導台灣民眾學習「國語」（日語），正是日本在台教育重點。一八九八年國語傳習所改爲供台灣人讀的公學校、日人讀的小學，這即是日後的小學，許多百年小學（當然也有百年中學、大學）就在此波誕生，也開啓台灣的新式教育。

由於新式教育伴隨著殖民政治而來，因此對台灣人而言，混雜著各種不同的心情，新鮮、進步、民族情緒參雜其中。公學校教學科目有修身、作文、讀書、習字、算術、歌唱、體操等，跟以往的四書五經比起來，算術代表的科學、體操代表的體育、歌唱代表的音樂，皆是前所未見。明亮寬敞的教室、固定的上下課時間，跟以往灰暗的私塾可說是天壤之別，有研究者還以「哈利波特的魔法教室」一語來形容台灣學生的大開眼界。

但從台、日學生分開上課，以及日後升學管道的狹隘，都可看出教育中存在的不平等，有許多具民族意識者還拒絕讓其子弟讀新式教育，初期的招生相當困難。然在時代進步下，新式

教育畢業者獲得社會較多認同，台灣菁英最後也接受了這種教育，直到今日。

幼兒教育的發展

幼稚園的設立

學齡前教育，向來是很重要，卻又未列入義務教育的一環。大多數的人初次接觸學校是在幼稚園（現稱幼兒園），但幼稚園在台灣，究竟是從何而來？如何發展？

幼稚園也是新式教育的一支，從日治時期開始，然最早設置者卻是台灣人。台灣首座幼稚園「關帝廟幼稚園」設立者爲「台南教育會」幹事蔡夢熊，其於一八九七年參訪日本京都、大阪等地的幼稚園，返國後邀集五位創立委員，向台南縣知事申請設立，因園址位於台南關廟，故稱關帝廟幼稚園。園中幼童多爲官員或富家子弟，特聘兩名女子師範學校畢業生擔任保姆，後因經費、設備及保姆難覓等問題，於一九〇〇年停辦。

隨著社會變遷，學齡前教育愈顯需要，然而一如日治時期所有的教育政策，台灣的幼稚園主要是爲了日本學童所需，初期更僅限日人入學。台、日籍學童均可入學後，則藉由教育進行國語（日語）的訓練及對日本的認同。唯在此環境下，台灣民眾慢慢開始瞭解這一移植而來的教育制度，也開始接受它。

戰後台灣的幼稚園，由於一直未被納入義務教育，較不受重視，但仍有其必需性，於是以私立幼稚園爲主流。戰後初期除了私人開辦的外，最具特色者是軍眷區幼稚園及機關事業（如中油）所附設的幼稚園，乃爲了幫助軍眷及各事業單位的員工子女就讀；後來隨著眷村的拆除及國營事業的民營化，這些幼稚園亦逐漸消失，如今則以各國小的附設幼稚園爲主。二〇一二年推行幼托整合，將幼稚園改成幼兒園，足見隨著時代不同，寶寶上學的方式也有所改變。

聯考與教育改革

台灣人的考試青春

台灣的教育史上，「考試」向爲相當重要的課題。科舉時代的讀書目的就是爲了考試，「十年寒窗無人問，一舉成名天下知」，只要考上功名，什麼樣的辛苦都可以拋到腦後。日治時期開始實施新式教育，情形亦未好到哪裡，所有學生也是希望考上醫學校及國語學校，當醫生或老師，進入社會領導階層。

到了戰後，考試入學仍是整個教育史的主軸，這也造成補習教育的風行，許多教育家呼籲要讓學生回歸快樂學習，於是如何「免試入學」，推行義務教育，遂形成教育的另一線主軸。

日治時代末期的一九四三年，台灣總督府就已在台灣開始實施六年制的義務教育，一九四五年中華民國政府接收台灣後亦繼續實施，當時在小學畢業後，可以升初級中學（初中）、初級職業學校（初職）及五年制專科學校。

爲了要就讀好的初中，從國小五、六年級便須開始補習，競爭相當激烈。而爲減輕學生的壓力，並增進國家競爭力，政府於一九六七年宣布將自一九六八年九月一日起，實施九年國民義務教育，所有的學生壓力，由小學釋放到國中，補習對象由國小變成了國中。

除了升高中外，大學尤爲兵家必爭之地，由於大學數量不多，如何擠入大學窄門，更是每位學生面臨的噩夢。

爲了遏止過度競爭衍生的問題，一九九〇年代以後進行一連串的教育改革：包含廣設大學、教科書改革，取消聯考，改採多元入學方式。這一連串的改革，雖然終止了「無法入學」，但人人可讀大學卻使得大學生品質降低，多元入學方案亦被批評是「樣樣都要補」，台灣的教育改革，看來仍有一條漫長之路要走。

體育與運動賽事

台灣人生活的一部分

體育是今日台灣極爲重視之事，不僅熱門運動賽事常常爆滿，大家更認爲運動可以強身，醫師也常告誡大家要培養運動的習慣。但實際上，在科舉教育下塑造的傳統中國社會，對於體育沒有太多概念，上層階級不僅欠缺運動強身的觀念，甚至認爲不動身體才能確保安全，唯一運動就是庶民的勞動。

與此相反者是明治維新後的日本，尤其在一八九五年甲午戰爭的勝利，所有的體育場合中均增加了軍隊戰爭模式的競賽，甚至於孩童遊戲中亦盛行戰爭競逐的遊戲，讓日本國民在體育中接受軍國思想。

日本政府來台後，爲使台灣人民的精神中能有「守法」和「公平競爭」等觀念，更希望台灣人民能增進體能乃至「不戰而能武」的目標，於是將「體育運動」帶入台灣，且規定列爲小學校、公學校的必修課程。但是初期的體育展示，推行效果不如預期，反而令台灣人民萌生排斥抗拒的心理，後來才藉由舉辦各式體育競賽，並提供可觀的獎勵，體育運動在台灣社會才漸漸蔚然成潮。

最早的體育科目可分爲「體操」及「遊戲」。體操課於一八九六年剛實施時，發現要讓學生能夠服從口令都很困難，「一個口令、一個動作」，這種今日習以爲常的動作，當時整整要花上一年，台灣人才漸漸學會。從這邊可以看得出來，台灣總督府對於體育的推廣，除了希望民眾健康強身外，還隱含著要求對身體的規律及一致化，更圖藉著運動競技，塑造對團體，乃至於國家的向心力。

體育的推廣，背後固有台灣總督府的思考，然各種單項運動本身的競賽性，才是讓台灣民眾正式接受的原因。尤其在日治時期，庭球（網球）與野球（棒球）風靡全台，一步一步地讓體育成爲台灣人生活的一部分。

棒球在台灣

棒球爲何是國球？

如果要舉出台灣最重要的單項運動，肯定非棒球莫屬。每有重要棒球比賽，即吸引全國在電視機旁一同觀賞，看棒球已然成爲台灣民眾記憶的一部分。

台灣許多運動是在日治時期，透過日本傳入，棒球亦不例外。台灣首支棒球隊，是一九〇六年台灣總督府國語學校中學部（現今的台北市建國中學）組成的總督府中學校野球團，不久，國語學校師範部也跟進，兩隊進行了台灣第一場棒球比賽，因而開啓了台灣棒球運動的歷史新頁。一開始在台灣打棒球的都是日本人，逐漸則有台灣人加入，一九三一年嘉農奪下甲子園亞軍，更證明台灣的棒球實力。

戰後中華民國政府遷台後，由於棒球在中國大陸不很流行，因此政府並不重視，但民間依然十分風行。直到一九六八年台東紅葉少棒隊在一場邀請賽中，擊敗日本關西明星少棒隊，轟動全台，進而促成一九六九年金龍少棒隊赴美參加威廉波特世界少棒賽，並一舉奪冠，回到台灣獲盛大歡迎。

從此以後，半夜全台看電視轉播棒球比賽便成了每年暑假盛事，政府亦積極輔導小選手升學，造就了「北華興、南美和」兩間棒球名校的出現。這一批少棒球員，逐步從少棒、青少棒培育到成棒，每回國際賽事依舊牽動全台民眾的情緒，此股熱潮終在一九九〇年促成中華職業棒球聯盟的成立。

縱觀台灣職業棒球發展，中途歷經不少波折，幾次打假球事件讓球迷大批流失，然而許多球員除了在台灣發展外，還遠赴門檻更高的日本及美國職棒聯盟奮鬥。其中王建民在美國紐約洋基隊期間，曾於二〇〇六年拿下聯盟勝投王，帶動台灣另一波棒球風潮，再度證明棒球在台灣運動史上的地位。

週末假日

休閒生活的改變

「休閒」或是「娛樂」的觀念，和許多事情一樣，在台灣的分水嶺是日治時期。日治之前的台灣，時間上沒有「週」的概念，也不會有星期日，通常都是在幾個傳統節日，如春節、元宵、清明、端午、中秋，才會放下手邊的工作，歡歡喜喜玩樂。

在本地農業社會中，最重要是神明的生日及節日，不管是媽祖，或是王爺，廟前有戲劇表演，也有許多賣小吃的攤販，讓人忘卻工作的壓力。

日人來後，隨著西方科技的發達，新的休閒方式大舉進入台灣，不管是可供散步的公園、新奇的電影、朗朗上口的流行歌曲，還是喝咖啡聊是非，都讓台灣的娛樂與以前截然不同。這主要是伴隨著「星期日」觀念而產生，當一週七天中有一天能休息的工業社會出現後，與以往可能得等半個月、一個月才能去廟前看戲的節奏大相逕庭，休閒的需求與項目便逐漸出現。

根據統計，日治時期的社會菁英，最常從事的休閒是讀書、園藝、圍棋、音樂、旅行、象棋、運動等活動。這些菁英通常都受過新式教育薰陶，新式教育對他們的影響，從閱讀、音樂、運動均上榜即可看出，新觀念的旅行亦深受這群經濟能力較佳者的歡迎。

然而在日治時期，城鄉之間仍是壁壘分明，日本人來台，多半居住在城市中，因此城市的休閒活動豐富了起來，而居住在鄉間的台灣人仍以農業社會爲主，休閒娛樂還是圍繞在傳統節日及神明祭典。這種差距，隨著戰後交通發達化，及國人平均收入的增加而逐漸弭平，如今不論

在台灣何處，看電視、上網、旅行、觀賞表演都是一般人最喜歡的休閒活動，幾不再有城鄉之間的差異。

歌仔戲

庶民娛樂兩大台柱（一）

歌仔戲與布袋戲是台灣庶民兩大娛樂，經過多次演進，至今仍以不同的型態呈現在國人眼前。

歌仔戲是目前唯一誕生自台灣本土的戲劇，發源於宜蘭。最早是由一些喜歡演唱台灣民謠小調（通稱爲歌仔）的農民相聚演唱，後來慢慢加上一些戲劇所形成。大約在二十世紀初期傳到台北後，演員們開始穿上戲服、粉墨登場，由於劇情通俗、歌曲又朗朗上口，立即風靡全台，成爲台灣民眾最主要的娛樂。

歌仔戲雖大受歡迎，一路

上卻受到許多挫折。日治時期知識分子對於歌仔戲中談情說愛不滿，主張要禁止，但這只是輿論力量；到了日治後期，推動皇民化運動的台灣總督府，希望將台灣傳統戲曲禁絕，於是將歌仔戲改爲穿和服、演唱歌曲的「台灣歌劇」，不過爲時不久，因日本戰敗而中止；戰後，國民政府推行「國語運動」，對以台語爲主的歌仔戲多所限制。然而，這些打擊都無法阻絕民眾對歌仔戲的熱愛。

歌仔戲能夠一直屹立不搖，與其成功融合各項新事物有關。其發展初期，即從來台演出的京劇中吸取養分。戲院設立，歌仔戲就從戶外的「野台戲」變成室內售票的「內台戲」；後唱片出現，歌仔戲也搭上便車，一九三〇年代許多唱片都是錄製歌仔戲，擴大其版圖；戰後的廣播、電視、電影興起，歌仔戲屢屢利用新科技再造顛峰，不論是早期台語電影中的歌仔戲電影，或是我們所熟悉的電視歌仔戲天王楊麗花，一次又一次讓歌仔戲蛻變且更上層樓。直至今日，更能夠在國家戲劇院中看到明華園的演出，歌仔戲已成爲台灣戲劇的代表。

布袋戲

庶民娛樂兩大台柱（二）

除了歌仔戲，另一項台灣民眾從小看到大的本土娛樂就是布袋戲。不過布袋戲並非台灣土生土長，乃是十七世紀之時起源自福建泉州、用布偶來表演的一種戲曲，演出時用手套入布偶來進行演出，因此戲偶身體像是個「布做的袋子」，所以叫做布袋戲。

清代台灣民眾多來自福建漳泉等地，也自然將布袋戲帶進台灣。布袋戲表演方式很簡單，表演者可肩擔戲箱與舞台，到演出地點搭起舞台表演即可。而布袋戲表演多取自章回小說，有歷史、俠義或清官辦案故事，大受民間歡迎，與歌仔戲一塊兒成爲民間最重要的兩大娛樂。

與歌仔戲的脈絡相同：戲院興起後，布袋戲亦分爲戶外演出的野台戲，以及戲院內的內台戲。日治末期的「皇民化運動」、戰後推廣國語同樣受到打擊，也藉助傳播科技更上層樓。

戰後布袋戲首先造成轟動者爲「金光閃閃、瑞氣千條」的「金光布袋戲」，源自一九四○年代布袋戲大師李天祿，戲本以江湖恩怨、對峙爲主，並有專業人士編劇，配樂以中國傳統、西洋音樂取代現場鑼鼓，並以七彩燈光、炮火強化聲光效果。這讓內台布袋戲大受歡迎，成爲目前台灣布袋戲的原形。

布袋戲首先躍上大銀幕，始於一九五八年黃俊雄的《西遊記》，他一連推出三部布袋戲電影都賣座奇慘，不過這也讓他有了與新媒體結合的寶貴經驗。電視在一九六二年開播時，就已經有李天祿在電視上演出《三國誌》，唯收視率並不高，眞正開創顛峰是黃俊雄於一九七○年在台視推出的《雲州大儒俠》，史醞文等大家熟知的角色從此走入我們的生活；雖然大受歡迎，但因其台語發音與國語政策抵觸，新聞局於一九七四年下令全面停播，直到一九八二年才解禁。

儘管如此，黃俊雄家族布袋戲受歡迎程度依然不減，後來更利用錄影帶、第四台、ＤＶＤ方式演變出「霹靂布袋戲」，直至今日，仍是台灣最受歡迎的庶民娛樂之一。

觀光旅遊

旅行的開始

現代人熱愛旅行，每年國人出國旅遊人次節節高升，每逢連續假期，各個觀光景點更是人聲鼎沸，但這種結合交通、旅館、風景名勝、地方特色的「觀光」，乃來自西方觀念。日人來台後，始將這種觀念帶來台灣，台灣人才開始步出自己家園，到其他地方走動、看一看。

尤其在鐵路開通、新式旅館設立後，島內旅行更形方便，有關單位亦希望藉由觀光來提升鐵路使用率，於是大力宣揚各地的觀光景點，例如一九一一年總督府要開設「夜行列車」，其中就有以觀光做爲宣傳的試乘，由台北召募「南部觀光團」，當日搭乘由台北晚上九點發車的列車，第二天早上七點到達台南，開始一天的觀光行程，結果大受好評。下篇文中提到的「台灣八景」票選，也是在此情形下的產物。

另一個觀光的來源，與新式教育有關，各級學校均有安排「修學旅行」，如一九一三年（大正二年）阿緱公學校三十八名、內埔公學校四十六名、楠梓坑公學校三十二名共同到基隆港進行「修學旅行」。這些學生畢業以後，自然變成觀光旅遊的愛好者。

但「觀光」這件事，除了單純到其他地區看看外，另一項用意是殖民者藉此讓台灣民眾到日本或台北，目睹「偉大建設」後，進而心向政府。例如一九〇三年大阪博覽會時，日本政府就安排許多台人前往參觀。尤其是讓殖民政府非常頭痛的原住民，總督府更大量安排「番人觀光」，圖藉由使之目睹其他地區的「進步」而願意配合總督府各項政策，如著名的莫那．魯道就曾至日本「觀光」。

時至今日，觀光旅行早成爲民眾的最愛，不管或近或遠，都公認是放鬆心靈的最佳良方。至於「考察」或「學習」，已經不再是最重要的選項了。

台灣八景

熱門景點誕生

台灣的好山好水，總是吸引許多的觀光客來此一遊，但到了台灣要看什麼呢？其實從清代開始，就有所謂「台灣八景」。數百年來，被認爲台灣最值得一遊的「台灣八景」不停變換，從此中也可看出人們對於台灣認知的變化。

一六九六年，清康熙時期的《台灣府志》中的台灣八景是：安平晚渡、沙鯤漁火、鹿耳春潮、雞籠積雪、東溟曉日、西嶼落霞、斐亭聽濤、澄台觀海。這時因台灣已開發地主要集中在台南附近，因此「八景」多半與台南附近有關，僅有西嶼（今澎湖群島漁翁島）落霞不在台南，雞籠積雪和東溟曉日確切位置爲何，今仍爭論不休。

日治時期的「台灣八景」則完全跳脫集中於台南的情形，這個在一九二七年由全台民眾票選出的「台灣八景」，曾掀起一陣熱潮，各地民眾奮力爲家鄉美景拉票，最後結果是：基隆旭岡、淡水、八仙山、日月潭、阿里山、壽山、鵝鑾鼻、太魯閣峽谷。這些公認的美景，如今多半仍爲觀光客必往之地，而當時的票選，也是爲剛興起的觀光加溫，像是鵝鑾鼻，因爲當時日本帝國的最南端，就算火車無法直達，還是阻擋不了要一睹國境之南的觀光客。

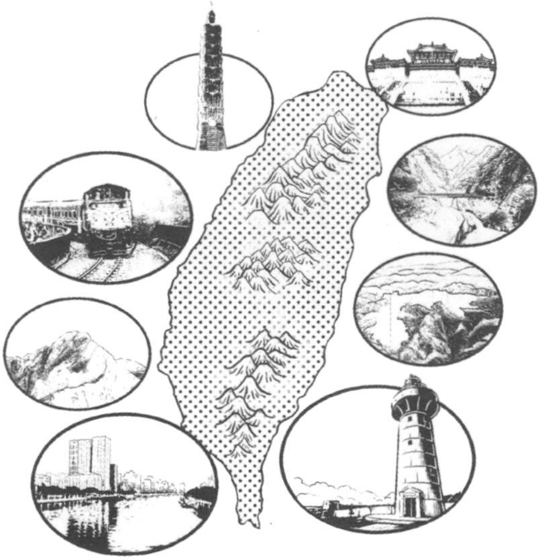

到了戰後，台灣八景自然

又產生變化，二〇〇五年交通部觀光局重新票選，最後被台灣民眾公推的八景是：台北一〇一、台北故宮、日月潭、阿里山、玉山、高雄愛河、墾丁、太魯閣峽谷。除了天然美景日月潭、阿里山、太魯閣外，其他五景全都有所更替，更有戰後才出現的人工景點。但隨著時代變遷，再過十年、二十年，台灣民眾心目中的「台灣八景」，肯定會再有所變化。

歌唱時代

流行音樂的發展

唱歌是人的天性，台灣也不例外，歌仔戲就是從清代人們最流行的曲調中演化而成，而日治時期的新式學校中，「歌唱」課帶來了西式的古典音樂。

至於我們今天最愛唱的「流行音樂」，則是從什麼時候開始呢？

台灣最早的流行音樂，跟電影其實有關。

一九三〇年，有一部電影「桃花泣血記」要上映，爲了宣傳電影，擔任電影解說的「辯士」王雲峰作曲、詹天馬作詞，譜寫了同名的宣傳曲，由歌仔戲小生純純演唱，在大街小巷播放宣傳。沒想到引起轟動，讓當時已出現的唱片公司老闆靈機一動，除了原本的歌仔戲、古典樂外，積極灌製流行歌曲，透過當時剛出現的唱片、廣播，第一代的流行歌曲就此出現，我們耳熟能詳的《雨夜花》、《青春嶺》等歌，就此開始傳唱。

戰後大批外省籍軍民來到台灣後，台灣的流行歌曲開始加入「國語歌曲」，來自香港或上海的歌曲，如《夜來香》、《魂縈舊夢》等，成了台灣流行歌曲記憶的一環。台灣的創作者亦開始譜寫國語歌曲，如《綠島小夜曲》就是其一。而原來統治者的日文歌曲，也透過重新填詞，仍舊在台灣民間流傳。

但戰後對台灣流行歌曲最大的迫害，就是檢查制度，許多官方認爲不妥或有「爲匪宣

傳」之嫌的歌曲，便被列爲「禁歌」，不准傳唱。例如有名的《燒肉粽》，被認爲暗示政府無能，才會讓大家吃不飽，所以遭禁；歐陽菲菲的《熱情的沙漠》，歌詞中的「啊」被認爲太過淫穢，也遭禁；周璇的《何日君再來》則是「意識左傾」遭禁，沒想到日後鄧麗君靠著這首「爲匪宣傳」的歌曲紅遍大陸，如今看來頗具諷刺意味。

廣播在台灣

聽音樂、聽新聞

前述台灣流行音樂的普及，有很大部分要歸功於同時期出現的廣播。廣播的歷史其實並不長，一九二〇年美國匹茲堡KDKA電台開播，迅速征服人類的耳朵；台灣則在一九二五年六月十七日，當時爲慶祝日本統治台灣三十週年，而於總督府舊廳內設置播音室進行臨時播音，開啓本地的廣播歷史。

一九三一年二月一日，財團法人台灣放送協會成立，台灣民眾開始接觸到這種新奇的科技產物。但在初期，並不是所有人都能享受這種空中的約會，想要收聽廣播的民眾必須先購買收音機，然後辦理收音機登記並繳交月費，才能夠聽到廣播。所以在廣播引進台灣初期，也是有錢人才能夠享受的。

一般人雖然不能在家中悠閒地聽廣播，但有些店家、咖啡廳在店內擺設收音機，讓一般民眾仍能一飽耳福，而這也讓流行歌曲得以透過廣播、唱片，走進台灣民眾的生活中。而許多訊息更是透過廣播得知，如一九四五年八月十五日，日本天皇宣告投降的「玉音放送」；二二八事件時，不滿政府的民眾攻占位於今日二二八公園的台北放送局（當時爲台灣廣播電台），透過廣播，告訴其他地區民眾二二八事件的發展。

戰後原台灣放送協會幾經接收，最後大部分成爲「中國廣播公司」，仍由國家控制媒體傳播，但隨著民營電台陸續出現、民主化浪潮湧起，今日的廣播已

呈現百花齊放、無所不談之態。而且在網路出現後，更可透過網路收聽到全世界的廣播節目，將全世界美好聲音盡收耳底。

電影的普及

台灣的電影發展

電影是一八九五年，由法國的路易·盧米埃（Louis Lumière）和奧古斯都·盧米埃（Auguste Lumière）發明，早期的情節只是一群工人去工廠吃飯，但人能夠在銀幕上活動，讓大家頗爲吃驚，亦成了往後百餘年間人們最重要的休閒娛樂。

電影在台灣是由日本人高松豐次郎引進，其於一九〇一年來到台灣放映電影，兩年之後組織「台灣同仁社」，受愛國婦人會台灣分會之邀四處巡迴放映電影，讓台灣民眾認識這種神奇的技術，所到之處皆造成轟動。

有趣的是，高松豐次郎其實是勞工運動家，他藉由電影來宣傳勞工運動。相仿的概念也出現在日後推動「文化抗日」的台灣文化協會，同樣藉助頗具人氣的電影放映，吸引大批民眾前來，乘機宣揚理念。

由於電影大受民眾歡迎，許多流行事物均與電影有關，除了前述的歌仔戲，還有流行歌曲，台灣第一首流行歌曲《桃花泣血記》（一九三二年）就是電影宣傳歌曲。但當時仍是無聲電影，觀眾欲瞭解劇情，需要有一位「辯士」說明劇情，因此辯士亦成爲電影院的焦點。《桃花泣血記》的歌詞就是由辯士詹天馬所寫，而詹天馬日後更在台北市延平北路、南京西路交叉口附近開了間「天馬茶房」，也就是二二八事件衝突發生的地點。

一九二三年，有聲電影發明，一九三〇年代帶起電影風潮，吸引更多人來看電影。台灣人所拍攝的第一部有聲電影是一九三七年的《望春風》，主題曲尤成爲台灣歌曲經典。至此之後，電影更受台灣人喜愛，至今仍不衰。

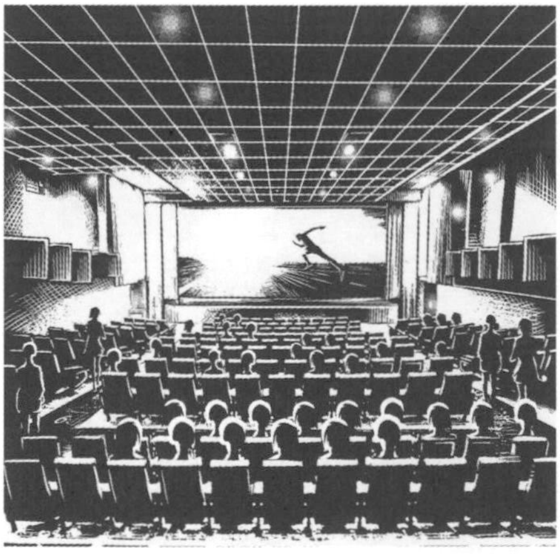

電視時代

從三台到數百台

電視乃現代人生活必需品，幾乎每個人每天都會打開電視。消息的傳播亦是透過電視，許多人的生活幾乎不能沒有它。

電視發明於一九三〇年代，而台灣迎接電視時代的時間非常晚，直到一九六二年才開始。當年台灣電視公司成立，台灣人正式看到了電視，當時每日播出時間不多，且收訊時還要將電線轉往轉播站方向，否則就收視不清。儘管如此，仍吸引了所有民眾的目光，小小螢光幕製造了許多大明星，料理的傅培梅、歌仔戲的楊麗花、布袋戲的黃俊雄，都因電視而竄紅。

除此之外，台灣的電子產業亦因電視而誕生，當時主要是由日本進口零件，在台灣組裝電視機，許多重要台灣廠商均在此時成立，如三洋、國際是在一九六二年，歌林在一九六三年，聲寶在一九六四年。這些中日合資的廠商，原本只是供給台灣內需，但在台灣結束外匯管制，積極鼓勵出口時，讓日資看到新出路，遂將半成品運至台灣，再將組裝後成品運至美國，後連美國許多大廠，如通用、RCA（美國無線電公司）等也來台設立零件加工廠，成爲台灣出口主力。

在戒嚴時期，台灣本地電視台僅有與政府有關的台視、中視、華視，這些都是靠天線收視，故稱爲「無線台」。一九八〇年代開始，隨著社會運動湧起，許多人要求中止三台的壟斷，而興起了非法的「有線台」，即是將線路送至收視戶家中，而除了三台的節目外，業者更提供其他國外或自己拍攝的節目，一時蔚爲風潮。這迫使政府於一九九三年頒布《有線電視法》將其合法化，連帶使電視台從三台一下子膨脹成百台以上，各式各樣的節目都可以收看得

到，形成奇特的「台灣現象」，看電視更儼然成爲台灣人民主要娛樂。

報紙在台灣

從宣教到狗仔

看報紙，是許多人每天早上的首件事，但大家可能不知道，台灣第一份報紙，並不是報導社會上發生什麼事。這份於一八八五年六月創始的《台灣府城會報》，主要刊載長老教會的宣教事務，且用羅馬拼音，一般人還看不太懂。

類似今天的報紙，乃是從日治時期開始。日人來台，也將報紙帶來台灣，一八九六年六月十七日，台灣眞正的第一份報紙《台灣新報》正式出刊，不久後台灣有另一份報紙《台灣日報》，兩者於一八九八年合併爲《台灣日日新報》，是日治時期台灣最重要報紙之一，主要以日文爲主，中文則約四分之一。

看報紙當時被認爲是啓迪民智的好方法，日治時期的文化抗日團體文化協會就廣設讀報室，協助台灣民眾讀懂報紙。以台灣人爲中心的《台灣新民報》，雖不爲日本政府所喜，但深受民眾歡迎，也開啓台灣報紙反抗強權的歷史。

一九四四年，大戰下的台灣總督府，爲了統制言論，將台灣主要報紙合併爲《台灣新報》，戰後由政府接收爲《台灣新生報》，與另兩份國民黨黨報《中華日報》、《中央日報》爲最重要的三份報紙，但後來逐漸被民間經營的《聯合報》、《中國時報》超越，此兩者被慣稱爲「兩大報」。

戰後在政府實施戒嚴下，於一九五一年實施報禁，不僅不准新增報紙，最多也只能印三大張，至於內容報導什麼，更受到政府檢查。然在此情形下，仍有不畏強權如《公論報》、《自立晚報》挺身而出，堅持報導眞實聲音，後終在一九八八年解除報禁，才有今日報紙的風貌。

百貨公司到台灣

台灣商圈的象徵

百貨公司來自西方，一八五二年法國商人布希可（Aristide Boucicaut）創立「便宜百貨公司」（Le Bon Marché），開啓了百貨公司的紀元。台灣則在八十年後才設立了第一間百貨公司，一九三二年，位於台北衡陽街的「菊元」開幕，帶領台灣邁入百貨公司的時代，同年稍晚，位於台南市中正路與忠義路口的林百貨也開始營業，一九四一年，高雄市的吉井百貨登場，這是戰前台灣僅有的三間百貨公司，從此台灣的消費中心就集中在每個地區的百貨公司。如今台南林百貨仍被完整保存，可一睹當時之風華。

台灣最早期的百貨，與今日台北一〇一相同，都是當地最高的大樓，許多人到此乘著當時仍少見的「流籠」（電梯）直到樓頂，眺望當時台北、台南、高雄三大都會，與今日的台北一〇一觀景台有異曲同工之妙。除此之外，台灣第一座手扶梯也出現在百貨公司。

戰後台灣經濟發達後，民眾的消費力越來越強，最繁華的地區就在台北中華路上，先是於一九六一年沿著鐵路興建有八大棟、三層樓的中華商場，成爲當時台北購物、娛樂的中心。緊接著在一九六五年，台北首家大型綜合百貨公司「第一百貨」開幕，亦是北市首家擁有手扶梯的百貨公司，同樣位於中華路上，遠東、今日、力霸等也陸續在附近開幕，締造戰後首次的百貨大戰，西門町遂成爲當時全台最繁華的商圈。各地重要商圈如台中火車站前、高雄鹽埕區，皆有足以代表的百貨公司。

日後台灣百貨公司改以日系爲主，不論是「新光三越」、「太平洋SOGO」、「統一阪急」都可看到這種台日混血的特色。二〇〇四年十二月三十一日，台北一〇一以當時世界第一高樓落成啓用，成爲台灣地標，同步帶動了百貨公司林立的台北信義計畫區發展。至今百貨公司仍是台灣商圈的象徵，也是這個時代時尚的代表。

游泳
運動就是娛樂

前已述及，運動的觀念是從日治時期才引入台灣，其與音樂一樣，不但是教育的新課程，也是民衆休閒娛樂的項目，我們以游泳爲例，來看看其發展。

玩水應該是人類的天性，但日治以前多半在池塘、圳埤、海邊戲水，缺乏整體規畫。有規畫的海水浴場其實是由西方傳來，最早是英國人在一七九六年發明，後來在十九世紀陸續風靡歐洲。日本明治維新後，海水浴場的觀念傳入日本，日本統治台灣後，日人將此觀念引入台灣，最早約莫在一九〇七年的淡水，很快在台灣各地海邊也有設立。

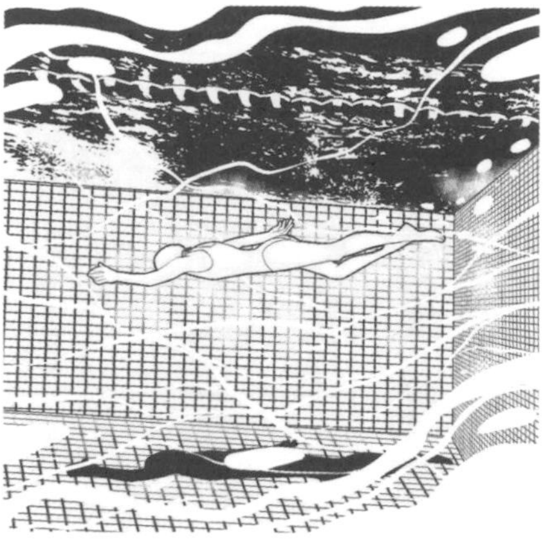

以有名的高雄西子灣海水浴場爲例，一九一六年設立後，就吸引大批人潮，促使日本政府大規模興建西子灣。除了海水浴場及交通外，一九二九年興建了餐廳（食堂）、一九三五年更興建戶外的兒童游泳池與二層樓的澡堂（西子灣溫浴場），可想像得到，日治時期的西子灣，擁有大澡堂、海水浴場、餐廳，每逢星期假日，熱鬧程度一點都不輸今日。

至於全台首座游泳池，則爲一九二六年的台北東門町游泳池，而游泳池的出現讓不住海邊的居民，亦可在炎炎夏日有個玩水的地方。但有趣的是，當時的游泳池有泳衣顏色規定，只准穿著黑色或藏青色，顏色錯了就會被拒絕入場。游泳池很快在全台各地出現，位於台灣南端不靠海的屏東市區，也在一九三四年建立首座游泳池，開幕當天更舉辦一場游泳比賽做爲慶祝，可見當地人對此期盼已久。

日治時期屏東市的官員及著名的詩社成員曾合組「遠乘會」，一早騎著腳踏車到遠處的海水浴場游泳，近黃昏時才踏上歸途。可見運動休閒甚至加入社交的觀念，從日治時期，慢慢成為台灣人生活的一部分。

選美比賽

從中國小姐到台灣小姐

選美，一直到今日都是充滿爭議的活動，戰後西方國家陸續舉辦了環球小姐、世界小姐等選美比賽，而政府為了擴展國民外交、爭取海外僑胞與外國支持、塑造一位美麗親善大使的形象，來推展我國外交等活動，在一九六〇年開啓選美活動，由《大華晚報》主辦，選拔「第一屆中國小姐」。

中國小姐的舉辦當時是轟動大事，預賽起各區會場就人山人海、一票難求，決賽公布名次時觀眾狂呼歡迎。大會宣布首屆中國小姐由林靜宜小姐奪下后冠那一刻，現場更是秩序大亂，足見當時對選美的狂熱。隔日報紙以顯著版面報導，尤可見所受之注目。

當時的選美稱為「中國小姐」，反映出當時政府要爭取中國正統代表，並參加世界性選美大會，也因此，當時選美時必備的服裝就是旗袍，以彰顯「中國小姐」的特色。但首屆中國小姐林靜宜參加世界小姐選美時，未能脫穎而出，這給主辦單位很大啓示，從第二屆開始特別針對身高、外語能力、應變等下工夫，選出三位第一名以參加不同的選美。第二屆中姐李秀英終於在倫敦舉辦的世界小姐獲得第二名，後來更由於第一名的英國小姐因結婚被取消資格，讓其遞補成為世界小姐。台灣首位世界小姐誕生，讓選美成為許多台灣女孩的第一志願。

但在當時，兩岸關係緊張，加上中國大陸的難民潮出現，中國小姐的選美備受抨擊，遂在舉辦四屆後不再舉行。這一停就是到一九八八年才重新舉行，然此時名稱已變成「中華民國小姐」，後來發展出「台灣小姐」、「城市小姐」，各地更選出屬於自己的小姐。除了剛重新舉辦時引起矚目外，台灣民眾對於選美多抱持平常心看待，選美也不再加附太多政治意涵。

第3篇

不可不知的台灣史人物

歷史人物的評價永遠在變，透過這些台灣人物，可與當時代互相對照，更可瞭解他們所做出的開創，或在大時代下的無奈。

導論 從人物看台灣

要從台灣眾多人物中，選出三十組代表人物或家族，其實不是那麼容易的事。基本上，本書選擇的標準，乃希望透過這些人看整個台灣史，視同第一部分的補充，透過這些人物，可與當時代互相對照，更可瞭解他們對於這個時代所做出的開創，或在大時代下的無奈。

筆者撰寫完這三十組的故事，進一步地發現，絕大多數被後人傳頌的人物，在其過世時常是抑鬱而終，或許他們心中的理想在當代都很難實現，但也因爲他們的努力，才構出今日台灣的風貌，這才是我們在閱讀之時最該感念者，我們所擁有的這一切，都是前人拋頭顱、灑熱血力爭而來的。

每一個時代，對於所謂「先聖先賢」亦有不同的標準，尤其是政權輪替頻繁的台灣。我們從這些人物故事中可看到，以前被當時執政者厭斥甚至認爲是叛亂者，將其事蹟掩埋，但在政治風氣改變後，又成爲另一個時代執政者的英雄，傳頌其事蹟，因此「蓋棺」絕無論定，歷史人物的評價永遠在變，本書對於這些人物的描述，再過二十年，應該也會有所不同。

既然已過世者，評價都會如此多變，更何況在世者，因此本書所收錄者，並不包括仍健在者，此正是傳統歷史學家對活者不立傳的本意。歡迎大家翻開本書，隨著這三十則人物故事，來回顧台灣多采多姿的歷史變遷。

林道乾（十六世紀初？—？）、李旦（？—一六二五）

台灣的漢人歷史，須從明代的海盜說起：明代實施海禁，逼使許多中日商人變成海盜，並在中國沿海各小島建立貿易基地，林道乾就是其一。

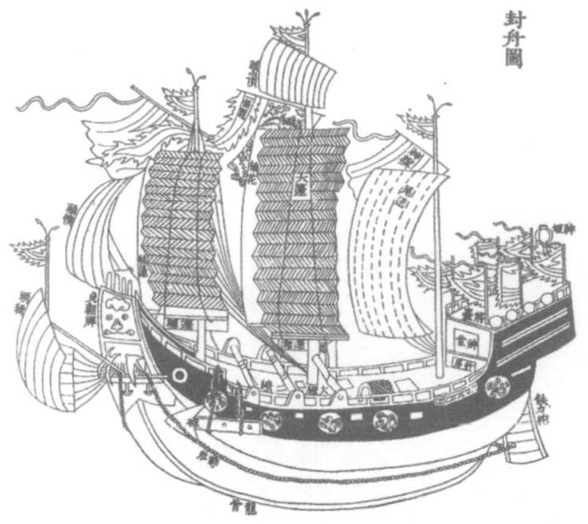

明代大型帆船樣式（圖片來自清徐葆光《中山傳信錄》書中）

林道乾與其他海盜相同，最早都在中國福建、廣東沿海活動，後被明朝軍隊追擊，不約而同逃到台灣避難，同時經由台灣前往東南亞。因此嚴格說來，台灣還不是他們的大本營，只算他們許多藏身處之一。

林道乾到達東南亞後，在暹羅（今泰國）敗給當地船隊，又回返中國，因無法突破明軍封鎖，再度遠遁，最後落腳於現今泰國北大年，並死在當地。林道乾待在台灣時間不長，卻留下許多傳說，例如相傳原本居住在今日高雄的平埔族是打狗社，林道乾在台灣時，爲了要修補戰艦，殺害打狗社人，嚇得他們連夜遷往他地。亦有一說林道乾在離開高雄時，來不及將他藏在柴山的金子帶走，至今仍留於山中。

眾多海盜之中，與台灣命運最爲相關者首推李旦。李旦也

是跨國性海盜，他的大本營在日本，但在台灣、東南亞各地均有基地。一六二四年，當中國與荷蘭雙方軍隊在澎湖相持不下時，兩者同意由李旦展開斡旋，即可見出李旦當時在亞洲海域的影響力。

最後李旦做出一個對大家都有利的決定：帶著荷蘭東印度公司到台灣大員（今台南安平），這樣一來，離開了中國所屬的澎湖，大明不再表示反對；荷蘭東印度公司也獲得一個接近中國的貿易基地，可以開始他們渴求已久的東北亞貿易。更重要的是，大員距離李旦在台灣的貿易基地甚近，李旦方便供應荷蘭所需要的中國絲綢、瓷器，從中獲得更大利益。

只是李旦萬萬沒想到，這個出於對自己最有利的安排，卻讓台灣的命運從此改變，荷蘭來到台灣，把平靜的小島帶到複雜的世界中，而李旦本身也在不久後過世，其手下大將鄭芝龍奪取了台灣，開始上演一場以台灣爲舞台的大戲。

荷蘭東印度公司商船（Magalhaes提供）

瓷器（好讀出版資料庫）

影響台灣深遠的大海盜

鄭芝龍（一六〇四—一六六二）

在中國歷史上，鄭芝龍可謂極具傳奇性。不僅因其出身海盜，更重要是他能從海盜變成官軍，且成爲福建水師的最高將領，並在明清交接的亂世中，成爲南明小朝廷之一（隆武帝）的幕後指導者。最後他決定投靠新主，但又與兒子意見不合而撕裂，其個人生平充滿戲劇性，尤影響了台灣的發展。

鄭芝龍出生於福建泉州南安縣安平港，從小就不愛讀書，只喜歡打打殺殺的工夫，惹得父親不高興，因此他離家到澳門投靠舅舅黃程，結識了當時橫跨亞洲的海上商人李旦，成爲李旦最得力的助手。李旦以日本平戶爲基地，建立了橫跨日本、台灣、中國、東南亞的龐大海上王國，亦與當時來到亞洲的荷蘭、西班牙、葡萄牙人相當熟稔。

李旦死後，鄭芝龍與李旦的兒子鬧翻而分家。鄭芝龍搶下李旦在台灣的產業，與另一個海盜顏思齊結合，兩者以台灣的笨港（今嘉義新港、雲林北港附近）爲基地，同時在附近設了十寨，從當時鬧饑荒的福建沿海，招募居民到台灣來開墾，慢慢建立自己的王國。顏思齊死後，鄭芝龍掌管了所有的一切，開始掠奪起福建沿海，當時中國的大明在無法抵抗鄭芝龍情形下，決定招募他成爲大明海軍的一員。

鄭芝龍加入明軍後，陸續消滅了其他海盜，成爲東南沿海的霸主，並且與當時統治台灣的荷蘭人結盟，提供貨物給荷蘭人販賣。鄭芝龍由此聚積相當的財富，堪稱當時福建沿海最有影響力的中國人，也成爲掌管福建水師的將領。

一六四四年滿清入關，明思宗自縊，中國發生大變動。要如何延續在福建既有的優勢，讓鄭芝龍考慮再三，最後鄭芝龍決定擁護隆武稱帝，由他在幕後提供軍事、經濟實力，實際上乃是要維持他辛苦建立的海上王國，並非眞正擁護大明。

一六四六年，大清答應給鄭芝龍閩粵總督之職，總管福建、廣東兩省。鄭芝龍決定犧牲與其相處不愉快的隆武帝，投降大

清，但對此鄭成功表示反對，父子間出現裂痕。經商起家的鄭芝龍，以其敏銳的嗅覺看出南明絕非大清對手，決定效忠新朝，同時希望鄭成功一起投降滿清；但鄭成功認爲福建天險依然可守，鄭芝龍一旦離開福建，就如同老虎離山，將毫無威力，再加上自己從小所受的「忠君」教育影響，故堅不願投降。

雙方談判破裂後，鄭成功的叔父鄭鴻逵勸鄭成功快逃離，以免遭到挾持，鄭成功於是逃往金門，並且回信告知其父親「從來父教子以忠，未聞教子以貳。今吾父不聽兒言，後倘有不測，兒只有縞素而已」（向來父親教導兒子，只有教他盡忠，從來沒有聽過教兒子另外侍奉他人。今天父親不聽兒子的話，以後有什麼三長兩短，兒子也只能披麻戴孝而已）。雙方各分前程，鄭芝龍投降大清，鄭成功則擔起反清復國的重任。

鄭芝龍一世精明，獨獨對投降大清一事看得不夠清楚。大清以騎兵橫掃中國，唯不擅水戰，南明之中以鄭芝龍水師的實力最強，如果大清除了福建，還將廣東贈予鄭芝龍，無異養虎爲患，日後更難與鄭芝龍抗衡。於是在鄭芝龍投降後，清軍立即將鄭芝龍強制遣送至北京軟禁，日後唯一功能僅是寫信要求鄭成功和談，後因鄭成功無歸降之意，大清認爲鄭芝龍已無利用價值，遂於一六六一年將其處死。

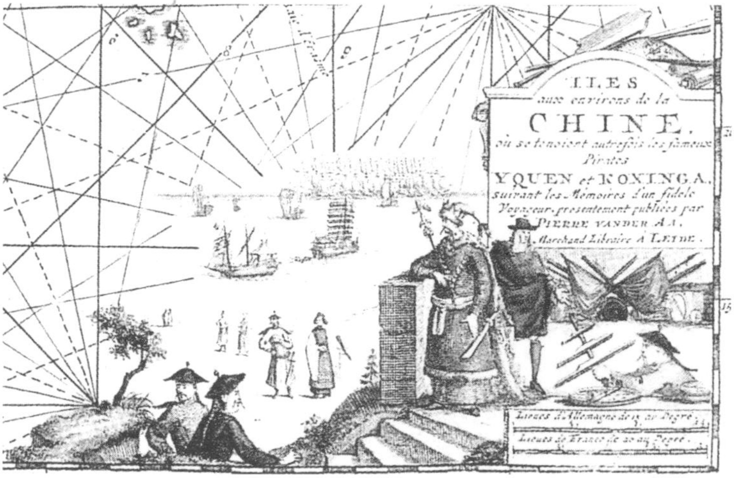

十七世紀荷蘭畫家筆下荷蘭與鄭芝龍的交易情景。（荷蘭海牙國立總檔案館藏畫）

濱田彌兵衛（生卒年不詳）

荷蘭人來到台灣之前，其實中國與日本商人都已經在這個島嶼上建立貿易據點，進行走私貿易。荷蘭人漸漸立足台灣後，如何將這些商人趕走、獨占台灣市場，是荷蘭東印度公司最重要的工作。運氣好的是，中國大商人鄭芝龍後來投效大明，以福建為基地，並與荷蘭建立貿易關係，反而成為荷蘭的伙伴，不再是阻力。

但日本商人就沒有那麼容易打發，日本商人認為他們早就到達台灣，理應在台灣有自由貿易的權利。偏偏荷蘭卻不這麼認為，他們在一六二五年決定對日本船徵稅，日本對此表示不滿，日商指出他們領有幕府發的「朱印狀」（幕府准許商人外出貿易的證明），而根據朱印狀規定，在東南亞各地交易均為免稅，台灣亦不例外。這造成雙方關係緊張。此時荷蘭尚無能力統治全台，尤其與附近原住民關係緊張，這就給了日本商人運作的空間。

末次平藏商船（好讀出版資料庫）

一六二六年，日本商船到台灣購買生絲，但當時台灣沒有足夠生絲可以賣給日本商人，迫使日本商船得在台灣滯留過冬，直到荷蘭人有充足生絲。此讓主導來台貿易的長崎代官末次平藏非常不滿，其商船船長濱田彌兵衛停留在台期間，也瞭解荷蘭與原住民間的緊張關係，於是在一六二七年回程時，帶了十六位新港社原住民回日本，並帶領其見幕府將軍，表示要將台灣土地獻給幕府。這個舉動讓荷蘭人相當震驚，巴達維亞（荷蘭在亞洲總部）立刻派出諾伊茲（Pieter Nuyts）赴日說明，但幕府拒絕接見。

一六二八年，濱田彌兵衛帶新港社居民返台時，諾伊茲已擔任大員長官，他表示接獲密報，船上有武器彈藥，居心不良，所以荷蘭強迫扣押其船隻及部分人員當人質，並沒收武器，將新港社居民送入大牢。這讓濱田彌兵衛相當不滿，在數度要求歸還武器不成後，六月二十九日衝入諾伊茲住處，綁架諾伊茲以要脅交換日本人質及商品，並護送新港社居民回到新港社後返日。日本立即宣布關閉平戶商館，不准荷蘭人再到日本通商。

當時荷蘭在東亞能夠立足，全靠與日本貿易，設於日本平戶的商館是他們最賺錢的據點之一，倘若失去日本市場，對荷蘭在亞洲貿易活動將是一大打擊。因此巴達維亞無論如何要修復對日關係，一六二九年其立即撤換諾伊茲，判處其有罪，希望能重開日本市場。

一六三〇年，末次平藏過世，其子末次茂貞對荷蘭開啓和解之門。一六三二年，荷蘭將

濱田彌兵衛綁架彼得·諾伊茲，1628年（出自於森島中良《万国新話》）

諾伊茲引渡到日本監禁，日本才滿意地重新開放貿易市場，後於一六三六年釋放諾伊茲返國。

濱田彌兵衛事件的圓滿落幕，對荷蘭意義重大，因爲一六三五年幕府將軍下達禁止日人出國命令，開啓鎖國時代，使得荷蘭商人能夠順利接收日商在亞洲的市場。而且幕府後來將西、葡等國商人趕出日本，讓荷蘭商人得以稱霸日本市場，開展以台灣爲中心的「台—中—日」三角貿易，使其在台灣貿易步上坦途。

鄭成功（一六二四—一六六二）

若要討論台灣歷史上最重要人物，鄭成功絕對是許多人心目中的答案。雖然他眞正待在台灣的時間不多，影響力卻十足深遠，不僅已變成神祇供台灣民眾膜拜，更確立漢文化成爲台灣文化的主流，我們的每日生活都與此脫離不了關係。

鄭成功乃中日混血兒。父親鄭芝龍是福建人，其爲明末著名海商李旦的得力助手，李旦的主要基地在日本長崎，故鄭芝龍也居住在日本長崎，並娶妻生子，長子即爲鄭成功。

一六二四年李旦過世，其內部爲爭奪地盤而爆發爭鬥，最後鄭芝龍拿下李旦在台灣的據點，且與原來就以台灣爲地盤的顏思齊合作，兩人合力經營台灣。顏思齊死後，鄭芝龍成爲領袖，後投降大明，成爲福建一帶最強大的海軍勢力。

鄭芝龍任官後，開始與日本政府談判，希望能將其在長崎的妻兒接回中國。日本先放鄭成功回中國，鄭芝龍大喜，聘請名師教導鄭成功，鄭成功也頗爭氣，二十一歲進入南京太學就讀，是個品學兼優的學生。

一六四四年，中國發生巨大變化，大明首都北京先遭李自成攻陷，隨後又被大清占領，大

鄭成功母子雕像（王御風攝影）

明皇室流亡至南方，建立許多政權，史稱「南明」。其中鄭芝龍也支持隆武帝在福建稱帝，不過精打細算的鄭芝龍是藉此抬高身價，與大清談判；一六四六年大清應允讓其擔任閩粵（福建、廣東）總督後，鄭芝龍決意投降，但鄭成功反對，父子爭吵後決裂。鄭成功扛起「反清復明」的大旗與清軍對抗，投降的鄭芝龍並未獲得大清原先的允諾，反而被捉到北京軟禁。

此後鄭成功以金門、廈門爲基地，在中國東南沿海與大清對峙長達十五年，其武力最強盛時到達南京。一六五九年鄭成功北伐南京，卻不料先盛後衰吃了敗仗，使他重新思考該何去何從，最後聽取何斌建議，決定攻取荷蘭治理下的台灣。

由於掌控充足的情報，一六六一年鄭成功攻台時，選擇容易淤淺的鹿耳門，趁著漲潮時通過，橫越台江內海，一舉攻下普羅民遮城（今赤崁樓），再圍攻熱蘭遮城（今安平古堡）。鄭成功的閃電戰術固然讓荷蘭措手不及，但荷蘭畢竟是當時強國，鄭成功整整圍困九個月後對方才投降，台灣進入明鄭時期。

鄭成功塑像
（王御風攝影）

鄭成功雖攻下台灣，但其治理台灣的時間頗爲短促，距離他擊敗荷蘭軍隊不到半年。留守廈門的長子鄭經與胞弟乳母產下一子，有違禮教，鄭成功憤怒之餘，要求部屬將其處決，部屬不從，讓鄭成功一氣之下，抱病不起，僅享年三十八歲。

鄭成功在台停留時間不長，但其長子鄭經繼續治理台灣，且透過其部屬陳永華的治理，將中國的儒教文化移植到台灣，奠定台灣文化的基礎。因此許多人均認爲鄭成功是台灣的開創者，尊稱其爲「開山王」，關於他的神話與傳說更遍布全台，可見其受台灣民眾的肯定。

陳永華（一六三四—一六八〇）

明鄭時期在台灣的建設，其實是以鄭經爲主。因爲不論是鄭成功或鄭克塽，在台時期均不久，明鄭時期能將中國的文化、制度移植來台灣，輔佐鄭經的諮議參軍陳永華實有關鍵地位。鄭經將大小事都交給陳永華辦理，故明鄭時期的台灣可說是陳永華一手打造。

陳永華是福建同安人，他的父親陳鼎是一位舉人，同樣投效在鄭成功的麾下。當清軍攻陷同安時，陳鼎自縊而死，當時在外的陳永華聽到消息，化裝成和尚進城尋找父親的屍體，這般孝心，讓陳永華名滿天下。而陳永華本身才華洋溢、允文允武，因此從鄭成功時即獲得重用，到了鄭經領政時期，更兼掌有文武大權，建設台灣，爲台灣帶來許多新的事物。

在制度上，陳永華認爲欲與大清抗衡，文教絕不可短缺，在其建議下，鄭經在今天的台南市蓋起了首座孔廟，傳承中國的儒家思想。除此之外，陳永華更命各里、社到中央都設立學校，並開始進行科舉考試，延續了中國的科舉制度。

陳永華在台南設立了台灣第一座孔廟「全臺首學」（王御風攝影）

在民生上，陳永華影響最大者是教導台灣人民曬鹽，還有引進燒瓦技術。台灣雖然是海島，但在明鄭以前，台灣人民都是用煎海水方式來取得鹽，這種鹽相當苦，不易入口，到了陳永華來台，才開始教人民用曝曬方式取得可口的鹽，這種技術一直沿用至今。

另一項技術是燒製瓦片，這種時常在傳統台灣老建築屋頂可看到的瓦片，也是由陳永華所引進。台灣最早使用瓦片，是荷蘭時代漢人蓋房子時使用，但當時台灣沒人生產，必須從對岸福建購買取得。陳永華到台灣後，才教當時台灣人燒瓦的技術，這也讓當時台灣的建築技術向前邁進，比起原來用茅草蓋的房子堅固許多。

陳永華對明鄭更大的貢獻是輔佐鄭經世子鄭克壓，尤其是鄭經帶兵西征大陸時，鄭克壓鎮守台灣，在陳永華協助下，治理得井然有序。鄭經西征回來後，很滿意地將國政繼續交給鄭克壓管理。

但因明鄭西征是失敗而回，大家都將矛頭指向當初西征時最受重用的大將——馮錫範，馮錫範深知情勢不妙，想要自保，一場陰謀悄悄發生。馮錫範告訴陳永華對這次西征的失敗感到很慚愧，打算要辭職。陳永華一聽，覺得馮錫範是一介武夫，都懂得要爲這次的失敗負責，更何況是當時掌管全軍的自己，於是陳永華先一步提出辭呈。

沒想到馮錫範的說法只是爲了要讓陳永華下台，日後才不會檢討他在大陸戰場上的錯誤。於是陳永華提出辭呈後，馮錫範就遊說鄭經同意，將軍權交給與馮錫範較熟悉的劉國軒，自己也絕口不再提辭職一事。陳永華知道上當後，相當憤怒，竟因此鬱悶而過世，讓明鄭損失一員大將。這更影響到明鄭後來政局，鄭經過世後，因陳永華已不在，馮錫範發動政變，逼死鄭克壓，讓其女婿鄭克塽即位，也將明鄭帶上滅亡之路。

陳永華備受民間愛戴，在台南孔廟附近，還有專門祭拜陳永華的「永華宮」。而清代反清復明的祕密會社「天地會」，更一度被認爲是由陳永華所創設，後來經歷史學家考證，才發現純爲一場誤會，但亦可看出陳永華的民間形象。歷史小說家金庸還運用陳永華的形象，塑造了《鹿鼎記》中韋小寶的師父：天地會總舵主陳近南，這也讓陳永華忠於大明、鞠躬盡瘁的性格，更深深烙印在人們心中。

施琅（一六二一—一六九六）

大清是個陸權帝國，以騎兵橫掃中國，對於水戰幾乎一竅不通，要橫渡台灣海峽攻取台灣，必得藉助擅於水戰的明鄭降將。最後帶著大清軍隊渡海的大將施琅，其實是鄭成功父親鄭芝龍的部屬。一六四六年，當鄭芝龍降清，鄭成功與父親決裂起兵時，沒有太多將領願意理會鄭成功，唯獨施琅等少數將領力挺鄭成功，陪伴鄭成功成為一方之霸。因此鄭成功崛起，施琅助力甚深，然兩人為什麼最後反目成仇？

施琅與鄭成功兩人個性都相當的固執，鄭成功初起兵時，有一次接到南明皇帝的求援，鄭成功決意出兵，施琅表示不宜，他認為鄭成功兵力仍不足，如率大軍離開根據地，清兵一定尾隨攻擊，但鄭成功不聽，執意出兵，施琅也表示不願跟隨。結果清軍果然乘機襲擊，亦有賴施琅軍隊擊退清兵，可鄭成功在賞罰時偏偏不提施琅，使兩人心結越來越深。

施琅雕像（藏於福建施琅紀念館）

後來施琅有位手下曾德犯了軍法，理應處死，曾德知道施琅與鄭成功的心結，跑到鄭成功的軍營請求庇護，鄭成功也答應。此事被施琅知道後，相當氣憤，最後殺到鄭成功的營房去，將曾德處決，這讓鄭成功勃然大怒，認為其身為君王的尊嚴受辱，於是下令逮捕施琅。多半的人都認為這只是茶壺裡的風暴，勸施琅躲起來，過一陣子就沒事，沒想到鄭成功找不到施琅本人，一氣之下殺了其父親及兄弟，施琅聞訊大哭，立志復仇而投清。

大清帝國本身不擅水戰，因此對施琅投降喜出望外，並重用施琅。鄭成功過世後，明鄭陷於內亂，大清看機不可失，派施琅攻台，但遭遇颱風，無功而返。後來大清改變策略，以封鎖代替攻擊，施琅也被調回北京等待機會。多年後，明鄭第二次出現內亂，施琅再次獲得清廷重用，這次他不再浪費機會，率領大軍攻下台灣，同時亦報了父兄之仇。

當清軍攻下台灣後，對於是否要留下台灣猶豫許久，還展開了一場辯論。最後因施琅力爭，台灣才被納入中國版圖，這是施琅對台灣影響最深遠的地方。而施琅也建議要持續海禁，並對來台者加以限制，廣東的潮州、惠州居民更被施琅認爲多海盜，當地居民都不准來台。

這一連串的禁令，使得大陸民眾無法來台，加上明鄭戰敗後，其軍隊多半被遣送回大陸，讓台灣在施琅治台初期顯得相當荒涼，像原本在明鄭時期，已經開發有成的鳳山縣（今天的大高雄市、屏東縣），幾乎不見人煙。

這種情形，給了施琅家族一個好機會。在施琅治台其間，其他地方民眾難以渡過台灣海峽，但施琅在福建晉江的家族卻大批入台開墾，同時在施琅治台時，清廷爲了表揚施琅的戰功，賜予施琅大量田地，幾乎遍布今日南台灣各縣市，這些田地被稱爲「施侯租」。以上種種，讓施琅家族在其治台期間，得以開墾許多土地，成爲後來台灣的重要家族。而施琅的後代，也有許多人對台灣相當重要。

施琅將軍遇見水手。（藏於荷蘭國立博物館）

施琅在歷史上爭議不斷，其雖爲大清立下汗馬功勞，但被大清視作「貳臣」，認其不能忠心爲其主，尤其在鄭成功地位越來越高後，與之對抗的施琅就淪爲反派角色。但在戰後兩岸對峙下，中共需要有類似施琅的人物作協助，因此施琅的歷史地位又再度升高，甚至一度傳出中共首艘航空母艦要命名爲「施琅號」，足見其在兩岸之間的微妙角色定位。

稱帝的鴨母王

朱一貴（一六九〇—一七二二）

朱一貴是清代三大民變之首，也是首次有民軍攻入府城，其發生時間爲一七二一年，距離一六八三年大清攻下台灣僅三十八年，對於大清的震驚自然非同小可。

朱一貴爲福建漳州長泰縣人，來台後曾以傭工、種田維生，最後在鴨母寮（今高雄市內門區）養鴨。由於朱養鴨技術高超，鴨群行走時都聽從他的指揮，說東就東、說西就西，讓大家嘖嘖稱奇，遂稱呼其爲「鴨母王」，他又喜歡在鴨寮款待朋友，故吸引許多三教九流朋友，在其鴨舍談論時事。

當時台灣知府王珍作威作福，且虧空官銀，因此鳳山知縣出缺，不僅沒有補實，還由其子攝政，四處徵稅，導致民怨叢生。朱一貴位於鳳山縣，感受最深，朋友每每談及，相當氣憤，最後共商舉事，推朱一貴爲王，更因朱一貴姓「朱」，就附會其爲明皇室後代起事。

朱一貴起事後，先於下淡水溪一帶（約今日屏東縣）起兵的客籍領袖杜君英也與朱一貴合作，兩方雖然都非正規軍隊，但在民氣可用下，勢如破竹。兩者聯軍先破清軍於赤山（今高雄市鳥松區），不久杜君英部隊攻下鳳山縣城（今高雄市左營區），後兩者聯軍攻入府城，在春牛埔（今日台南市勝利路）大敗清軍，清廷官員紛紛渡海逃到澎湖，短短十餘日間就占領全台，建都府城。

朱一貴與杜君英聯軍獲勝後，眾將擁立朱一貴爲中興王，於今日台南大天后宮登基，因朱一貴以明代後裔起事，故尊明爲正朔，國號大明，年號永和，並廢除最能代表大清的薙髮令。而

當時要在台灣稱帝，倉促之間找不到皇袍，只好用民間戲團的戲服，一時也找不到馬，就以牛車代替，可見這場勝利確實出乎民軍意外。

可是勝利來得快，也去得快。杜君英在聯軍中，戰力不遜於朱一貴，因此杜君英原本想立其子杜會三為王，但眾人認為擁立朱一貴為王，可以用「反清復明」做為號召，更具說服力，因此支持朱一貴稱帝。對此已不服之杜君英，後又因杜君英亂搶民女，造成兩者決裂，閩籍支持朱一貴、客籍支持杜君英，兩派人馬決戰結果，朱一貴獲勝，杜君英則北走。

朱一貴獲勝後，派兵南下清剿杜君英的客籍支持者，在下淡水溪的客家鄉親因此組成自衛軍隊對抗朱一貴軍隊，一般說法是其分為「六隊」，此即後來南部客家稱為「六堆」的由來。

實際上，朱一貴與杜君英的聯軍原本就是倉促組成的民軍，只因大清在台不願設置重兵，連府治與縣治也不肯築城防衛，加上民怨沸騰，才會讓民軍攻占全台。在內部分裂下，大清又派出精銳部隊，由福建水師提督施世驃（施琅之子）及南澳鎮總兵藍廷珍率領，分三路攻打，朱一貴軍不敵，最後朱一貴被捕，送京師處死，其間僅短短兩個多月。這次的事件，民間傳頌之歌謠相當傳神：「頭戴明朝帽，身穿清朝衣；五月稱永和，六月還康熙。」

朱一貴事件可說是大清官民關係的縮影。雖然大清因此設置巡台御史，希望能澄清吏治，但貪官汙吏依舊遍布，沒有家累的羅漢腳們「三年一小反、五年一大反」，用行動表達出他們的不滿，尤成為清代台灣社會一大特徵。

朱一貴智取春牛埔圖（出自《通俗台灣軍談》）

曹謹（一七八七—一八四九）

中國地大物博，遠在北京的中央政府，對於其他省分常是鞭長莫及，因此在制度上格外注意，以奏摺監視每位爲官者，以迴避制度防堵地方諸侯的誕生。所謂的迴避制度，就是不准地方官員回到自己家鄉任官，防止其與地方舊識勾結，讓中央無法管控。也因此，清代在台的官員均非本地人，常抱持來此撈一票即走的心態，貪官汙吏橫行，少有受人歌頌的官員。

鳳山知縣曹謹則屬例外，如今走到鳳山市，市區內有曹公路、曹公國小，還有專門祭拜曹謹的曹公祠，每年國曆十一月一日的「曹公誕辰祭典」，更有許多民眾前來參加，可見居民對其相當愛戴。

曹謹之所以受到鳳山居民如此愛戴，主要是因爲他蓋了條曹公圳，解決了清代鳳山縣境內（今日的高雄市及屏東縣）的大半灌溉問題。在以農爲主的清代，水源乃攸關每年稻作成敗的關鍵，而台灣因地勢陡峭，雨水不易聚集於平地，也使得許多土地難以耕作，如何有水灌溉，可說是清代台灣經濟最重要的課題。

曹謹爲河南省懷慶府河內縣（今沁陽市）人，來台之前曾擔任過直隸（今河北）、福建的知縣，然政績並不突出。在福建閩縣知縣任上，縣內遭逢大旱，全縣要拜湖神祈雨，曹謹認爲大旱與神祇無關，拒絕祭拜，引起爭議，但也看得到他的眞性情。

一八三七年（道光十七

日治時期的曹公圳舊圳頭（出自《一百年前的台灣寫真》）

年），曹謹來台擔任鳳山知縣，對鳳山縣做了詳細的觀察，發現居民最大的困擾，就是常苦於無水可耕作。鳳山的舊名「下埤頭」，即說明此地原有灌溉埤塘，才吸引民眾來此聚集耕種，形成聚落，然而人多後就不敷使用，如何讓民眾有水灌溉，讓曹謹思索不已。

後來曹謹查現到下淡水溪（今高屏溪）的豐沛水源，覺得若能引入下淡水溪灌溉，便可解決缺水問題，於是開始動員民間力量築埤開圳，歷經兩年時間，完成水圳四十四條，名爲「五里圳」。五里圳灌溉良田三萬一千五百餘畝，從此鳳山縣居民不必再看老天臉色。爲紀念曹謹之功，這個廣大的灌溉渠道，因此被稱爲「曹公圳」。其繼任者更再接再厲，完成更廣大的灌溉網路，稱爲「曹公新圳」，尤讓南台灣成爲台灣糧倉之一。

除了經濟問題，曹謹亦對鳳山新城（今高雄市鳳山區）加強防禦措施，在城門上加建城樓，同時在城牆四周築砲台六座，並修建護城河，引東門溪與曹公圳之水護衛新城。這些措施讓鳳山居民感激不已，而曹謹本身也因政績卓越，於一八四〇年升補淡水同知。然其在淡水同知任內，適逢鴉片戰爭，曹謹率領鄉勇攻擊兩艘英艦，順利完成任務，但後來被英國指控冒功殺俘，曹謹遭撤職查辦，數年後抑鬱而終。

今曹公圳貌（王御風攝影）

曹謹的事蹟，顯示出台灣如何用水利技術，克服先天的障礙，讓本地的農業能夠在清代蓬勃發展。除了曹謹外，北部也有瑠公圳、中部有八堡圳，這都是民間以企業型態來修築，修建者可從此投資獲利，唯獨南部的曹公圳是由官府修建。曹謹並未獲得大利，卻贏得了世世代代的民心。

清代霧峰林家

霧峰林家在「台灣五大家族」中最具戲劇性，尤可用來說明清代台灣領導人物的「豪強」性格，與中國大陸藉由科舉任官後的仕紳截然不同。

霧峰林家的開台祖是林石，其於一七二九年生於漳州平和，一七四六年來台至大里杙（今台中市大里區）開墾，短短數年間累積不少財富，於是回到漳州邀集族人來台，以大里杙爲基地共同開墾。這可說明爲何清代有那麼多人願意冒著危險來到台灣，因爲一旦成功，眞的是「台灣錢淹腳目」。

但林家辛苦打下的基業，在一七八六年的林爽文事件付之一炬，由於帶頭大哥林爽文正是林氏族人，故林石的產業被沒收，他也因此而過世。在此過程中，林石大兒子林遜（已於一七八三年過世）遺孀林黃端娘與林家發生不快，她就帶著兩個小孩：林甲寅、林瓊瑤遷居阿罩霧（今台中市霧峰區），這也是我們後來所稱的「霧峰林家」。

讓霧峰林家再度崛起的關鍵人物是林甲寅，傳說中林甲寅是靠著夢中土地公指示的黃金起家，但無論如何，霧峰靠近山區，是個多種族紛爭的區域，要在此稱王，比的不是文采，而是拳頭。林家發跡後，與隔鄰的豪強林和尚（本名林媽盛）時常發生爭執，某次談判時，林甲寅之子林定邦被林和尚手下誤擊身亡，林定邦之子林文察爲父報仇，一八五〇年殺死林和尚後投案，入牢服刑。

所謂時勢創造英雄，當時正逢鴉片戰爭、太平天國，清廷大亂，正規軍綠營早已崩潰，各地需靠地方軍隊「鄉勇」，方能與民軍一較高下。一八五四年，北路協副將曾玉明風聞有此驍勇善戰之士，於是薦舉其帶兵抵罪，共同率軍對抗起事的小刀會，林文察一戰成名。一八五九年林文察召募台勇赴福建作戰，南征北討，戰無不勝、攻無不克，遂於短短數年，在一八六三年升任福建陸路提督。「提督」爲清代各省武官最高職務，林文察也成爲清代台人任官最高者。

但林家勢力擴張迅速，引發原有勢力不滿。一八六三年戴潮春之亂，中部反林勢力集結對付林家，後林文察獲准返台平亂，此時爲林文察最顛峰時刻，可是林文察出身豪強，未熟讀詩書，不諳官場文化，遂得罪許多官員，被暗中掣肘。林文察於一八六四年返回福建，卻在與太平軍作戰時身亡。

林文察死後，反林勢力與彰化縣知府合作，將林文察弟林文明刺死於官府之中，林家爲之震動，欲拿著武器至縣府爲林文明報仇。然在林定邦夫人戴氏堅持下，囑命不准用武力復仇，而由林文察之子林朝棟上福州、北京打官司。

林朝棟的告官之行，縱然失敗，卻是結識了許多朝中官員，對於林家由地方豪強轉型有極大助益，此後一個個到台灣任官者，均尋求林朝棟協助。一八八一年福建巡撫岑毓英建大甲溪鐵橋，林朝棟全力支援。一八八四年中法戰爭，林朝棟協助來台督戰的劉銘傳打勝基隆戰役。林朝棟出錢出力的協助，讓劉銘傳銘感在心，一八八五年台灣建省後，劉銘傳邀請林朝棟出任撫墾局長，並給予當時台灣最熱門商品「樟腦」的專賣權，讓林家財富與板橋林家同爲台灣之首。一八九五年，台灣割予日本，與大清關係良好的林朝棟離台赴大陸，將台灣產業留與林獻堂（林獻堂故事詳見後文）。

霧峰林家大宅「萊園」（王御風攝影）

台灣第一任省長

劉銘傳（一八三六—一八九六）

一九九四年，台灣舉行第一屆民選省長的選舉，在許許多多的文宣上都會出現「劉銘傳」。畢竟說起「台灣省長」，便不由想起這號人物。劉銘傳是一八八五年台灣建省時的首任巡撫，確實可稱爲首任的「台灣省長」，而其在巡撫任內也有許多建樹，影響台灣深遠。

劉銘傳，字省三，安徽合肥人，爲李鴻章淮軍系統下的大將，曾擔任直隸陸路提督，後因湘軍、淮軍之間的恩怨，於一八六八年辭職還鄉。但一八八四年中法戰爭爆發，福建及台灣均爲主戰場，清廷重新啓用劉銘傳，以福建巡撫督辦台灣軍務，幾度挫敗法軍，成功守住台北城，迫使法軍轉往澎湖。

劉銘傳
（好讀出版資料庫）

中法戰爭一役讓清廷對台灣的重要性有更深入的認知，於是在一八八五年十月宣布台灣建省，劉銘傳爲首任台灣巡撫。劉銘傳上任後，首先劃分行政區、新設職官，更大刀闊斧進行建設與改革，這些建設，也就成爲日後多半討論台灣「自強運動」的主要內容。

劉銘傳在台灣最著名之建設是興建基隆到大稻埕的鐵路，其他還有電報、郵政、新修道路等，並且開辦西學堂，設立撫墾局，開始積極對原住民進行治理，不過其最重要的措施，就是著手整理台灣混亂的地權。

台灣最早向政府登記開墾的大地主，往往土地涵蓋甚廣，不可能獨自耕作，於是將土地分租給其他人，而這些向大地主承租的小地主，又找來許多佃農耕作，於是形成所謂「一地兩主」的混亂現象。眞正耕作的佃農，是繳納租金給小地主，也就是「小租」，小地主們又要拿出一部分的錢給大地主做爲租金，稱爲「大租」，而政府所收的稅，則是由大地主拿出大租部分來上繳。

經過這麼多年，政府已無法精確掌握開墾的土地數量，許多該繳納的租稅因此被逃漏，於是劉銘傳重新清丈土地，甚至希望直接向小地主課稅。此做法後來受到大地主反彈，劉銘傳只好改爲大租減四留六，大租十分之六還是給大地主，十分之四拿來繳給政府。經過清賦後，台灣的稅收大量增加，但也同時引起許多民眾的不滿。

除此之外，劉銘傳與台灣道劉璈的爭執，也影響台灣南北的發展，因爲劉璈長期駐在府城（台南），與當地民眾交好，當劉銘傳排除劉璈後，府城民眾很不能諒解。故劉銘傳的新政幾乎都在北部實施，更加速了台灣北部發展超過南部。

劉銘傳在台灣短短幾年的自強運動，獲得了相當的績效，備受肯定，但也因爲開銷太大，政府不予支持。其於一八九一年卸任，改由邵友濂接任，在財政困窘下，邵友濂對劉銘傳的許多事務加以限制，劉銘傳許多新政也就宣告中止。

由於後面的日本統治者讓台灣社會進入現代化，許多人基於民族主義，起而主張帶領台灣進入現代化是劉銘傳，而非日本統治者，中止劉銘傳新政的邵友濂也同時被譴責，這可說是台灣史上最難取得共識的爭議。實際上，劉銘傳對台灣的現代化可說開了首例，但其新政有許多缺失，時間亦不足，眞正讓台灣風貌轉變是在日本時期。然而劉銘傳的功勞也不容抹煞，台灣至今對其感念不已，還有以其爲名的道路、大學，可見其在台灣人心中的評價。

帶來醫療及教育的西方傳教士

馬雅各（一八三六—一九二一）、馬偕（一八四四—一九〇一）

清末台灣的開港，對台灣本地產生巨大變化，不僅是產業上茶、糖、樟腦的崛起，來到台灣的傳教士，除了新的宗教外，更帶來台灣不曾瞭解的現代醫學與現代教育。這些我們在今日相當依賴的制度，當年都是這些西方「阿篤仔」冒著生命危險在台灣所創立，其中最有名者就是在南部的馬雅各，以及北部的馬偕。

馬偕塑像
（Rotatebot提供）

馬雅各（James L. Maxwell）是蘇格蘭人，畢業於英國愛丁保大學，至柏林和巴黎大學醫學院深造，後決心獻身於海外傳教，也是英國長老教會第一位派駐台灣的海外宣教師。一八六五年馬雅各抵達台灣後，目標是當時台灣第一大城——府城（今台南），但到府城後，因當地謠傳他會殺害漢人取腦漿，造成民眾恐慌，官府諭令其離開。他只好回到最初踏上台灣之地的打狗旗後（今旗津），興建禮拜堂和醫館，更進入平埔族與原住民的住地行醫，後在一八六八年重返府城興建醫館及教會。這間醫院被稱爲「舊樓醫館」，一八七四年英國宣教師們新蓋一間醫館，遂被稱爲「新樓」，也就是今日「新樓醫院」的前身。

馬雅各塑像
（Luuva提供）

另一位以醫療聞名的傳教士是馬偕牧師（Rev. George L. Mackay），他是加拿大長老教會派到台灣的第一位傳教士，於一八七一年到達台灣，主要根據地在北部的滬尾（今淡水）。雖然馬偕不是受專業訓練的醫師，但他在神學生時期曾與醫生學習醫學知識，於其中窺見到醫療傳教的可能，因此他也在滬尾開設「滬尾醫館」，後來在一八八二年興建「滬尾偕醫館」，爲今日「馬偕醫院」前身。

滬尾偕醫館（王正翰攝影）

馬偕的治病，最爲人津津樂道是拔牙，馬偕發現台灣居民缺乏口腔衛生的習慣與知識，有了一口蛀牙也不知該怎麼辦，於是開始爲病人拔牙。因效果奇佳，一傳十、十傳百的情形下，常有大批人馬排隊等著讓馬偕拔牙，意外讓馬偕的傳教活動廣被接受。

除了醫療外，馬偕亦致力於教育推展，一八八二年興建的「牛津學堂」（Oxford College）爲台灣最早的學院，同時帶進西方的現代化教育。一八八四年，馬偕又在牛津學堂東側興建「淡水女學堂」，成爲台灣女子教育的先鋒。後來牛津學堂遷至陽明山，輾轉成爲今日的「台灣神學院」，淡水舊址成爲「眞理大學」，而「淡水女學堂」則是今日的「淡江中學」前身，也可看出馬偕對台灣教育的貢獻。

除了馬雅各與馬偕外，還有許多爲台灣引進新事物的傳教士，如創辦台灣最早新聞刊物《台灣府城教會報》的巴克禮牧師（Rev. Thomas Barclay）、盲人教育之父甘爲霖牧師（Rev. William Campbell）等，都對台灣有所貢獻，也深受後人懷念，如台南市還有以巴克禮爲名的「巴克禮紀念公園」，感念他們開啓台灣民眾不一樣的視野。

奠定日本在台統治的關鍵人物

後藤新平（一八五七—一九二九）

日本政府能夠在台灣統治長達五十年，其中最關鍵的人物，就是第四任民政長官後藤新平。後藤統治台灣時間，不僅平定了台灣此起彼落的民間抗爭，更制定了台灣發展的方向，例如在日本統治時期，最重要的製糖事業，就是在後藤新平時代敲定，要論對台灣最具影響的人物，後藤新平應可排入前幾名。

後藤新平並非總督，而是第四任民政長官，民政長官相當於今天的行政院長，當時總督爲兒玉源太郎，兩者均於一八九八年上任。在此之前，日本對台灣統治並不順利，抗日民軍處處可見，使得每年軍費節節高漲，甚至一度傳出要賣掉台灣，兒玉源太郎與後藤新平便在此統治危機下就任。

後藤新平
（好讀出版資料庫）

後藤新平上台後，針對以往日本統治，做了一番徹底的調查，才來執行他的「新政」。「新政」的執行，可歸納出以下特點：一是以科學態度調查台灣的一切；二是經過調查後，以「尊重舊慣」的方式，訂定執政策略；三是透過借外債的方式，建設台灣。在這三項方針下，後藤不但確立了日本的殖民政策，也穩定了日本在台灣的統治。

時至今日，後藤統治台灣，最讓人印象深刻者就是所謂「生物學的統治」，在十九世紀末的科學時代，後藤相信在經過調查後，可以用科學的方式掌握台灣的一切，尤其是日人所無法瞭解的台灣舊有制度、習慣。因此在後藤上台後，展開地毯式的調查，請來日本一流的專家，先後成立臨時土地調查局（一八九八）、臨時台灣舊慣調查會（一九〇一）等調查單位，也確實精確掌握台灣的風土民情，訂出對台的殖民政策。

後藤新平在調查這些舊有慣例後，巧妙地利用這些習慣，轉化成爲其所需的目標。這不僅讓台灣人因爲熟悉而不會大力抗爭，更節省了許多統治經費，甚至還能爲總督府帶來大筆利益，讓台灣從原本伸手向日本母國要錢的單位，轉成能夠供應母國資金的金雞母。

例如備受討論的「鴉片政策」，許多日人認爲這是與辮子、纏足一樣的落後象徵，應加禁止，但後藤在「舊慣保存」原則下，採取「漸禁政策」，准許吸食者繼續，但要課以重稅，採專賣制。在此情形下，鴉片稅成了總督府財政的重要來源。而跟日人合作的台人，也因爲鴉片專賣權賺了大錢，而與日本更緊密地合作。

此外，後藤運用原有的「保甲制度」，以十戶爲一甲，十甲爲一保，採取連坐法，配合警察制度、戶口調查，讓警察嚴密地控制台灣，被稱爲「警察國家」，加上「匪徒刑罰令」與招降，軟硬兼施下，讓武裝抗日式微，不但節省大筆軍費，也確立日本統治。

後藤成功解決困擾台灣以久的治安、財政問題外，更以舉債方式完成台灣的基礎建設，例如縱貫鐵路、基隆港、水力發電、高雄港等，奠定台灣發展的基石。尤針對台灣原本就有所規模的製糖業，引進日本資金，成立新式製糖公司，這也是台灣工業初步的現代化。

簡而言之，後藤新平成功打造日本殖民政策，讓日本統治台灣危機解除，但後藤的出發點仍是將台灣視爲殖民地，主要爲了日本的發展，而非台灣。例如在教育政策上，不願意讓台灣人接受高等教育；在經濟政策上，扶植糖業主要是爲了落實「工業日本、農業台灣」的分工；甚至後藤那句對台灣人的著名評價：「怕死、愛錢、愛名」，都是明顯例證。但後藤對台灣的影響，亦是不可否認的。

鹿港辜家

在台灣歷史上，有所謂的「台灣五大家族」或「台灣新五大家族」，這些曾居台灣首富的商人，除了具有敏銳洞察力外，所必修的一門課程是「政商關係」。如何與當權者合作，獲得許多「特許權」，方能累積財富，如前述霧峰林家在清末獲得的樟腦專賣權即是如此，而鹿港辜家更爲顯著之例。

開創鹿港辜家事業者爲辜顯榮，一般對其發跡均以「開城門迎日本軍」來解釋，此爲對辜顯榮不盡公允的解釋。當時抵抗日本的台灣民主國軍隊在日軍進城前早已潰散，導致城內盜匪橫行，在此無政府狀態下，城內紳商議決要通知日軍入城，只是在此詭譎狀態下，通知者可能會因日人不信任而喪命，在無人願意下，辜顯榮挺身而出。此情形亦非台北城獨有，當時台南城情形同樣如此，只是辜顯榮表現出來的從容態度，確實讓日本政府印象深刻，也開啓了辜家的輝煌事業。

辜顯榮（1866-1937）
（好讀出版資料庫）

辜顯榮名下的主要事業是一八九七年的「大和行」，其從事許多專賣事業，如樟腦、製鹽等，但對台灣民眾印象較深刻者，是其與日本政府的合作。例如林獻堂與蔣渭水發起文化抗日運動時，辜顯榮就成立「公益會」對抗，這當然爲日本政府稱許，如治警事件審判時，一位日本法官表彰辜顯榮如顏智（即印度聖雄甘地），立刻就被當時人嘲諷「辜顯榮比顏智，蕃薯簽比魚翅，破尿壺比玉器」，這也成爲鹿港辜家烙印在台灣人心中的印象，揮之不去。

辜顯榮在過世前，曾協助日本政府從事對中國之外交，一九三三年駐紮福建的第十九軍起兵叛變，史稱「閩變」。當時主政的國民政府蔣中正透過辜顯榮，請求日本政府不要協助叛軍，後閩變平定，蔣中正對辜顯榮相當感激，此事件之功對辜家後代有相當大影響。

辜顯榮過世後，因長子辜岳甫早逝，故事業由次子辜振甫繼承。戰後國民政府接收台灣，辜振甫尋求台灣末任總督安藤利吉支持台灣獨立，爲安藤利吉所拒，辜振甫也因此被捕入獄。在獄中期間，辜振甫不僅躲過二二八事件，且結識外省籍之嚴復孫女嚴倬雲，出獄後結婚，並順利打入外省籍爲主的統治階層。

辜家古厝「鹿港民俗文物館」（好讀出版資料庫）

戰後政府以四大公司股票交換大地主的土地，辜振甫把握此契機，結合板橋林家，主導台灣水泥公司，此爲戰後初期最重要的民營公司。辜振甫又進而取得金融營業的特許權，找來姪兒辜濂松經營中國信託，成爲辜家至今的兩大支柱。

在事業穩固後，辜振甫則投身致力於兩岸會談，一九九一年財團法人海峽基金會成立，辜振甫擔任董事長，此爲兩岸開啓談判的重要機構。一九九三年辜振甫與對岸海協會會長汪道涵在新加坡進行「辜汪會談」，爲兩岸關鍵性的首度會談。但其晚年，卻因其子辜啓允投資許多事業虧損且於二〇〇一年病逝，而再度出馬力保台泥經營權，由次子辜成允接任，力保辜家百年基業，方於二〇〇五年過世。

辜家至今仍爲台灣重要企業主，以台泥及中信爲兩大事業體，而其家族與歷任執政者依然關係良好。除國民黨外，辜振甫之弟辜寬敏亦爲民進黨政府時期國策顧問，「政商關係」之經營，可說是台灣最重要的家族。

文化抗日的領導者

蔣渭水（一八八八—一九三一）、林獻堂（一八八〇—一九五六）

一九二〇年代，是台灣文化抗日最熱烈的時期，透過文化抗日，使得台灣人對於自身的處境更為瞭解，如何爭取台灣人的獨立自主，亦影響至今。在文化抗日的運動中，以霧峰林家的林獻堂與蔣渭水為主要代表，兩者一穩健、一熱情，也代表著文化抗日並行的兩種路線。雖然個性殊異，但同樣都被台灣人懷念至今。

林獻堂身為霧峰林家掌門人，卻與其他商人不同，頗為支持台灣民族運動。但以其身分，很難做衝鋒陷陣的革命家，一九〇七年他在日本遇到梁啓超，梁啓超勸其要以愛爾蘭對付英國為師，走溫和的非武力對抗。這對林獻堂影響甚深，一九二一年其在日本發動議會請願運動，獲得台灣人極大迴響，回台後與蔣渭水合作成立「台灣文化協會」，開啓文化抗日運動。

蔣渭水
（好讀出版資料庫）

蔣渭水畢業於台北醫學校，當時日本政府對台的教育方針，僅設立醫學校及國語學校（即後來的師範學校），使得台灣一流知識分子多半擔任醫生。而這些知識分子對於台灣被日本殖民統治情形頗為不滿，紛紛鼓吹台灣民族意識，其中又以蔣渭水為代表，其與林獻堂均認為教育是台灣所需，故抗日需從文化層面做起。

蔣渭水在其有名的〈臨床講義〉中診斷台灣的病症是「世界文化的低能兒」，原因是「智識的營養不良」，需要以最大量的「正規學校教育、補習教育、幼稚園、圖書館、讀報社」治療二十年，才能治癒，這也是文化協會的宗旨，注重於文化啓蒙，希望藉此喚醒台灣同胞的民族政治覺醒。

文化協會對此著力甚深，其出版機關刊物《會報》，設立讀報社，舉辦各種講習會、夏季學校，設立中央俱樂部、文化書局，籌組各地青年會，甚至引進電影——美台團做爲宣傳，也確實獲得極大成就。在其宣傳下，台灣民族主義逐漸在各地啓蒙。

但文協後來在社會主義影響下，與原有以仕紳爲主的成員格格不入，終導致一九二七年的台灣文化協會分裂。林獻堂與蔣渭水均退出文化協會，另組台灣民眾黨。這對台灣總督府而言，剛好可以實現其分裂文化抗日團體的策略，於是在數度考慮下，批准台灣人第一個政黨「台灣民眾黨」的成立。

但台灣民眾黨成立後，蔣渭水也逐步走向工人運動，一九二八年成立台灣工友總聯盟，使其與林獻堂、蔡培火、楊肇嘉等自治主義派漸行漸遠，林獻堂等人於一九三○年組成「台灣地方自治聯盟」，離開台灣民眾黨。一九三一年二月，日本政府宣布解散台灣民眾黨，同年八月蔣渭水過世，面對文化抗日者不停的分化，留下了「同胞須團結，團結眞有力」的名言。

林獻堂則在戰後受到另一次打擊。終於看到日本戰敗、回歸祖國，且舉行民主選舉的林獻堂，在其理想實現後，滿心歡喜參加台灣省協議員的選舉，也順利當選，台人更認爲以其一生對台灣民主的奮鬥，自當擔任台灣省協議會議長，卻不料在選舉時，遭到政府勸退，改由與政府較有淵源的黃朝琴擔任。加上二二八事件，以及三七五減租對林家的打擊，終使這位一生抗日者，以治病爲名赴日不返，客死異鄉。

林獻堂
（林芳媖提供）

這兩位帶領台灣抵抗異族統治的鬥士，最後都抑鬱而終，或許台灣還沒有達到他們心中的理想，同胞還是要團結，團結才能眞正有力。

莫那・魯道（一八八〇—一九三〇）

魏德聖導演的《賽德克・巴萊》，成爲二〇一一年台灣最熱門的話題，也讓領導賽德克族抗日的莫那・魯道故事，再被人重新提起。莫那・魯道在一九三〇年領導的霧社事件，在台灣史上有其特殊意義，因爲此時日本已經穩定地統治台灣，強大的軍警力量讓台灣人在一九一五年噍吧哖事件後，就放棄武裝抗日，而對於日本武力並不陌生的莫那・魯道，究竟爲什麼要飛蛾撲火，打一場明知不可爲而爲之的戰役？

其中關鍵在於原住民文化的消逝。日人治台後，對於台灣山林中的寶藏，如樟腦、檜木，心動不已，決意大量開發，這就必須面對居住在山林中的原住民。清代對於原住民採保護政策，不准漢人入山，也維護了原住民的傳統文化。日人要進入山區，採取兩種方式：一是用武力鎮壓，另一則希望用日本文化將其同化，此亦是台灣總督府的理番政策。

總督府要同化原住民，故給予許多「優惠」，讓其優秀子弟能夠唸書、任官，還鼓勵到原住民部落任職的警察娶當地頭目的

中立者為莫那・魯道
（好讀出版資料庫）

女兒，此一構想原本是希望雙方融合，讓統治更便利，但沒想到這些警察往往離職後，也丟下這些女子。貴爲頭目的女兒，居然讓日本警察拋棄，對於原住民來講，是莫大的羞辱；加上勞役的負擔過重，以及彼此文化的差異，終

使霧社事件在一九三〇年爆發。霧社事件的領導人物是屬於賽德克族霧社群馬赫坡社的頭目莫那·魯道，其與日本官方原就格格不入，妹妹嫁給日本警察遭遺棄，更讓他忿忿不平。一九三〇年十月七日，日本巡查吉村克己經過莫那·魯道家門口，當時莫那·魯道家正爲社中一對男女舉行婚宴，莫那·魯道長男塔達歐·莫那拉住吉村的手，邀請他享用宴席，吉村嫌酒席不乾淨，不願入內，最後用手杖打塔達歐·莫那的手，這讓塔達歐·莫那覺得是恥辱，於是毆打吉村。事後莫那·魯道屢次赴駐在所請求官方處理，卻遲遲未見動作，莫那·魯道擔心受到嚴懲，加上長期以來文化受到壓抑，於是決心利用十月二十七日，一年一度的運動會及各項活動、展覽日起事。

當天霧社群族人在清晨襲擊各駐在所，並在八時左右攻擊舉行運動會的霧社公學校，一時之間，哭喊聲響徹山谷，總共殺死一百三十九名日人。日本軍警隨後展開反擊，花了兩個月的時間，投擲違反國際性公約的「糜爛性毒氣彈」，並「以夷制夷」勸誘與馬赫坡交惡的其他族原住民參與，才平定起事的霧社六社，而這六社共有六百四十四人死亡，可說是一次令人怵目驚心的戰役。

霧社事件中親日原住民集結照
（圖片來自《霧社討伐寫真帳》）

霧社群所存活的族人，原被日本政府強制居住於收容所，後日軍默許與其有衝突之原住民族群發動突襲，砍下一百零一個首級，被稱爲「第二次霧社事件」。逃過此次屠殺的族人，日軍將其全體遷居至川中島（今南投縣仁愛鄉互助村清流部落）至今。而莫那·魯道的遺體在一九三三年才被尋獲，被送至台北帝國大學（今台灣大學）人類學系作研究標本，直到一九七三年才被大家注意，於同年將其遺骸運回霧社，入土爲安。

台灣新文學之父

賴和（一八九四—一九四三）

日本時期爲台灣引進了許多新的文化型態，文學、美術皆是，但這種新的文化因子，碰到被殖民的台灣人，所擦撞出的火花多少都帶有民族精神，如日治時期「台灣新文學」即爲一例，台灣新文學之父賴和的一生更可說明。

賴和，一八九四年出生於彰化。一九〇九年，一如當時的台灣菁英，考進台灣總督府醫學校，同班同學有杜聰明、翁俊明，低一學年的則有蔣渭水、張七郎等人。學校中的民族意識非常強烈，同學們曾推舉杜聰明與翁俊明赴北京刺殺當時欲稱帝的袁世凱，這自然也影響了賴和。

一九一四年，賴和自醫學校畢業，先在嘉義病院任職，後決定自行創業，在彰化市開設賴和醫院，第二年他前往廈門博愛醫院任職，剛好感受到中國五四運動的新文學浪潮，一年半後返回彰化。賴和在當地被稱爲「和仔先」，許多人也稱他爲彰化媽祖婆，因爲他對於付不出錢的病患絕不催收，他過世後，當地人還認爲他是去當城隍爺，可見他受當地鄉親的愛戴。從這些舉動看得出賴和對於台灣不公不義事情的觀感，而他也用行動及文學來記錄。

賴和
（好讀出版資料庫）

一九二一年成立的台灣新文化協會，賴和就擔任理事，後也加入台灣民眾黨。一九二五年發生在彰化的「二林蔗農事件」讓他寫下第一首白話詩〈覺悟下的犧牲〉，一九三〇年的霧社事件，他也寫下〈南國哀歌〉一詩哀悼。由此，他的文學作品充滿了民族意識，他不用熟悉的日文，而是堅持用新白話文與閩南語寫作，創作之初，先用漢文思考，用北京話寫了之後，再改成台灣話，故今日看來，他的作品似不甚流暢。但這種寫作方式，可說是開創了一種新文體，所以不論在精神上、體例上，賴和都開啓了一種新的台灣文學方式，也被尊稱爲台灣新文學之父。

一九二六年一月一日，賴和在《台灣民報》發表第一篇白話小說〈鬥熱鬧〉，接著又發表了〈一桿秤仔〉、〈不如意的過年〉、〈雛古董〉、〈惹事〉、〈善訟的人的故事〉等文章，寫出了台灣人的無奈。例如〈一桿秤仔〉就寫失去土地的農人，決定去市場賣菜，爲了符合日本政府要求，向隔壁借了一個新的秤仔，卻不料受到要來收賄的警察刁難，最終以悲劇收場。所以賴和的文學，不光是個故事，更是忠實記錄當時台灣人民的心聲。

但這種用漢文書寫的作品，在皇民化運動後全面被禁，也讓賴和的小說失去戰場。一九四一年他更無端下獄，獄中生活讓其身體大壞，精神上更是一大打擊，後雖能因病出獄，但身體一直未有好轉，於一九四三年一月三十一日病逝。

賴和所開創的，不只是一種新文學體，亦是透過文學，思索台灣人的處境與未來。賴和一生抗日，戰後本入祀忠烈祠，後因被檢舉爲日治時期台共，於一九五八年九月三日撤出忠烈祠，從此也不准再提賴和事蹟，一直到一九七六年《夏潮》製作「賴和專輯」才讓賴和重見天日，隨著本土化興起，賴和成爲顯學。若賴和地下有知，對於他身後這番遭遇，恐不知該如何描寫吧。

【一桿秤仔】（節錄）

一天早上，得參買一擔生菜回來，想吃過早飯，就到鎮上去，這時候，他妻子才覺到缺少一桿秤仔。「怎麼好？」得參想，「要買一桿，可是官廳的專利品，不是便宜的東西，那兒來得錢？」她妻子趕快到隔鄰去借一桿回來，幸鄰家的好意，把一桿尚覺新新的借來。因為巡警們，專在搜索小民的細故，來做他們的成績，犯罪的事件，發見得多，他們是不勝枚舉。什麼通行取締、道路規則、飲食物規則、行旅法規、度量衡規紀，舉凡日常生活中的一舉一動，通在法的干涉、取締範圍中。——她妻子為慮萬一，就把新的「秤仔」借來。

荒漠如何變良田

八田與一（一八八六—一九四二）

日本時期來台的日本人，除了奉行殖民政策的政治官員外，還有許多技術官僚。他們將技術帶來台灣，其出發點或許是爲了日本帝國的強大，但也顧慮到了台灣人民的需求。這些人員用他們的技術，豐富了台灣的文化與生活，至今仍讓當地人感佩不已，例如建造高屏鐵橋的飯田豐一，以及打造嘉南大圳的八田與一。

八田與一，日本石川縣金町村人，一九一〇年七月自東京帝國工科大學土木工學科畢業，次月即渡海來台，擔任台灣總督府土木部技手。至此，他的一生幾乎都奉獻給台灣。

他在台灣參與了許多重大建設，如台北下水道、台南水道（山上淨水場）、高雄港、日月潭水力發電所、桃園大圳等計畫，對於台灣相當瞭解，也深知台灣由於地形關係，很難將雨水留在平地，因此年雨量雖然不少，但可留用於耕作者有限。這也是歷代政府最關切之事，如前述清代曹謹的曹公圳亦是如此。

八田與一（好讀出版資料庫）

八田與一在結束桃園大圳的工作後，將眼光放到問題同樣嚴重的嘉南平原。嘉南平原土地廣闊且平坦，極適合農業發展，但其雨量集中夏季，使其土地灌溉功能不佳，田地多半爲旱田。

桃園大圳於一九一六年開工後，當時嘉義廳長相賀照鄉就要求總督府土木局仿照興建，土木局遂派曾參與桃園大圳的技師八田與一至嘉南平原調查後，最後決定在官田溪上游的烏山頭，用土壩興築巨大的水庫，供嘉南平原灌溉使用，水源則必須挖掘三公里的隧道穿越烏山嶺。這個工程一九二〇年開工，歷時十年，於一九三〇年完工，集水面積六千公頃，灌溉著嘉南十五萬公頃的田園。

這項歷時十年，經費相當於台灣總督府一年預算的龐大工程，其艱辛實乃外人難以瞭解。由於工程過大，不僅台灣前所未見，連日本也難得一見，因此許多人不看好，八田與一不僅親自前往美國察看最新的技術，也堅持其施工主張，一肩承擔所有成敗責任。而爲了讓員工能夠安心工作，他還在烏山頭建設了一個應有盡有的社區，讓員工能攜帶眷屬居住於此，八田一家人也在此度過了十個年頭。

嘉南大圳完成後，八田與一提出三年輪作制構想，也就是同一塊田，在三年中分別以水稻、甘蔗、旱作輪流耕作，如此可節省水力，也可調節地利。這讓嘉南平原從原本看天吃飯的荒漠，變成了年年豐收的穀倉，八田與一也獲得當地農民的愛戴。

嘉南大圳的完工，讓日本政府對八田與一更爲倚重，不僅其對全島土地擬定改良計畫，太平洋戰爭後，更命其赴其他各地等地考察。一九四二年，八田與一乘坐「大洋丸」前往菲律賓時，遭美軍潛艇擊沉而命喪大海之中。一九四五年，日本戰敗，日籍居民須遣送回日，八田與一的妻子外代樹則跳烏山頭水庫自盡，長眠於此。

八田與一塑像（Ellery提供）

如今，烏山頭水庫旁仍有一尊八田與一的雕像，及其夫婦之墓，當地民眾對其感念不已。台南縣政府也將八田與一故居整理爲八田與一紀念園區，讓八田與一的精神，永遠與這塊他最愛的土地共存。

創作台灣最美好的音符

鄧雨賢（一九〇六—一九四四）

日本時期的新文化，對於普羅大眾而言，電影與流行歌曲應該讓大家印象最深刻，電影或許票價太高，不見得人人能看，但流行歌曲一旦傳唱，則人人可哼，好的流行歌曲尤成爲每個時代的記憶。直到今日，日本時期的台灣流行歌曲已成爲代表台灣的聲音，著名的「四月望雨」——《四季紅》、《月夜愁》、《望春風》、《雨夜花》更是人人朗朗上口，而這些歌曲全出自鄧雨賢之手，他等於豐富了台灣人的心靈。

鄧雨賢是桃園龍潭的客家人，父親鄧盛猶在其三歲時應聘爲台灣總督府國語（日語）學校的漢文教諭（漢文老師），乃攜家前往台北。鄧雨賢考上台北師範學校，由於當時教師訓練相當全面，也需要學習音樂教學能力，可能對其日後的音樂創作打下基礎。

鄧雨賢（好讀出版資料庫）

鄧雨賢畢業後，派至大稻埕日新公學校（今日新國小）執教，雖然生活無虞，但他對音樂仍十分喜好，遂辭去教職，負笈日本，進入東京一家歌謠學校研習作曲理論。他學成後返台，正好碰上台灣流行歌曲的開始，能夠一展長才。

一九三二年，台灣第一首流行歌曲《桃花泣血記》風靡全台，展開流行歌曲的時代，鄧雨賢爲設在台北市永樂町（今迪化街）的文聲唱片寫了一首《大稻埕進行曲》，立即引起當時最重要的古倫美亞唱片的注意，網羅其至旗下，創作了「四月望雨」等名曲，也強調音樂需與庶民結合，奠定台灣流行音樂的基礎。

只可惜大戰開始後，日本政府大量用鄧雨賢的曲調改編爲軍歌，他最後辭去唱片公司的工作，遷去新竹鄉下執教。此時他身體狀況不佳，加上戰時藥物缺乏，終使其在一九四四年六月十一日，僅三十九歲就過世，只留下最美好音符在台灣人的生活記憶中。

【望春風】（原始錄音版）

獨夜無伴守燈下，清風對面吹。
十七八未出嫁，見著少年家。
果然標緻面肉白，誰家人子弟。
想欲問他驚呆勢，心內彈琵琶。
思欲郎君作尪婿，意愛在心內。
等何時君來採，青春花當開。
忽聽外頭有人來，開門該看覓。
月老笑阮憨大獃，被風騙不知。

【雨夜花】

雨夜花，雨夜花，受風雨吹落地。
無人看見，每日怨嗟，花謝落土不再回。
花落土，花落土，有誰人尚看顧。
無情風雨，誤阮前途，花蕊凋落要如何。
雨無情，雨無情，無想阮的前程。
並無看顧，軟弱心性，乎阮前途失光明。
雨水滴，雨水滴，引阮入受難池。
怎樣呼阮，離葉離枝，永遠無人可看見。

高雄陳家

糖業崛起的南霸天

台灣從荷蘭時期就盛產甘蔗，是重要的產糖地區，尤其在日治時期，中南部遍設糖廠，而台灣人以糖成就事業者，以高雄陳家最著名，至今仍是高雄市重要的家族。

創立陳家基業的是陳中和，陳中和於一八五三年在苓雅寮出生，年少進入當地人陳福謙開設的商行「順和棧」，陳中和天資聰穎，陳福謙對其大爲欣賞，立意栽培。當時「順和棧」是南部最重要糖商，幾乎所有外商要來台灣採購蔗糖，都得透過「順和棧」，而「順和棧」更在南部開設七十二「行郊」，相當於今天的分公司，可見其規模。陳中和最後擔任七十二行郊的總家長，相當於今天企業體的總經理，也說明陳福謙對其十分提拔，尤突顯其能力。

「順和棧」在陳中和治理下，業務蒸蒸日上，但他也成了陳福謙兒子們的眼中釘。陳福謙一死，陳福謙的兒子們就將陳中和趕出「順和棧」，他只好自立門戶成立「和興行」，而「順和棧」原有客戶也跟其轉至「和興行」，「和興行」漸漸取代了「順和棧」的地位。

陳中和
（好讀出版資料庫）

一八九五年日人治台後，其開始全力發展糖業，台灣邁入以糖業爲主的新時代，原本就是南部糖業貿易霸主的陳中和，自然成爲日本政府合作的對象，當日本籌設新式糖業公司「台灣製糖株式會社」時，在許多日本商人仍裹足不前時，陳中和就毫不猶豫投資，不僅獲得財富，還贏得日本政府的信任。在「台灣製糖株式會社」後，陳中和更主導成立「新興製糖株式會社」，隨著糖業的勃興，陳中和也超越其他商人，成爲南部首富。

陳中和與日本政府關係良好，除了「台灣製糖株式會社」外，日本政府一九〇八年開始興築高雄港，同時成立「打狗整地株式會社」，藉民間力量將高雄港內疏浚的泥沙填海造陸，造就今日的哈瑪星及鹽埕部分土地，後來分配土地時，日人將較差的鹽埕區土地分給陳中和，沒想到日後該土地大發，讓陳家累積更多財富。土地乃是陳家除了糖業外，最重要的資產。陳中和一九三〇年過世，市民送葬行列一路從高雄橋綿延到堀江町、鹽埕町，亦見市民對其觀感。其死後葬於五塊厝墓地（今中正路、福德路口），至今仍保存原貌，並開闢爲公園，供市民使用。

一九四五年，政權轉移，國民政府接替了日本政府，但陳中和家族在高雄市影響力卻未曾改變，一九六〇年陳中和六子陳啓川被推參選高雄市長，陳啓川平日生活悠閒，最喜歡的娛樂是打高爾夫球、打獵及攝影，均有職業水準，無意於仕途，故對此建議予以婉拒。然其支持者透過總統蔣中正希望他出任，陳啓川遂寫了封信給蔣中正，表明他要照顧老母，無法勝任市長一職，蔣中正總統則回信要他「移孝做忠」，陳啓川只好披上戰袍，結果其他有意競選者一聽高雄陳家出馬，則無人敢與其對戰，這也是高雄市長選舉史上，唯一一次的同額競選。其後第三代陳田錨更擔任五屆高雄市議長，讓陳家在高雄市影響力達到顛峰。

陳中和紀念館「餘慶居」（Pbdragonwang提供）

但在最顛峰時，陳家卻全面退出政壇，專心其產業，如今仍是高雄市地產最多的家族，其家族所屬的高雄醫學大學，也是高雄最重要的醫院，其急流勇退、該退就退的智慧，實乃維繫陳家能傳承百年的最主要原因。

台灣第一位醫學博士

杜聰明（一八九三—一九八六）

時至今日，高等教育的發達，導致碩、博士滿街跑，博士頭銜一點都不稀奇。但究竟誰是台灣第一位博士？答案是杜聰明，其於一九二二年十二月十六日獲頒醫學博士證書，是日本明治維新以來第九五五號醫學博士，也是日本人以外外地及外國人首位醫學博士，當時是台灣一大盛事。

杜聰明，一八九三年出生於滬尾農家，十一歲進入滬尾公學校就讀，畢業後考上當時最難考的台灣總督府醫學校，但因其體格弱小，原本被學校拒絕，認爲其無法負擔沉重的課業壓力，後代理校長野純藏獨排眾議，准許他入學。他也不負其所望，以第一名成績畢業，並放棄優渥的醫生生活，繼續深造，考入京都帝國大學醫學部。

杜聰明的婚姻亦常被提起，當時台灣到日本讀書的學生，若非像杜聰明如此苦讀者，就是家境優渥，而台日之間必須搭乘輪船，杜聰明在二十五歲那年返台時，在輪船上認識霧峰林家千金林雙隨。原本林家認爲「門不當、戶不對」，拒絕此事，後被杜聰明誠意感動，於是開出條件，只要他能拿到博士便願意同意婚事。杜聰明的博士學位，最後果讓他如願娶回了美嬌娘。

杜聰明（好讀出版資料庫）

杜聰明返台前，就已經被母校台灣總督府醫學校聘爲助教授，以及台灣總督府中央研究院技師，敘高等官七等，爲台灣人擔任高等官第三人。雖然榮耀集於一身，杜聰明還是堅持做基礎研究，也在他的號召下，有許多優秀的學生願意投入，開創台灣的基礎醫學研究風氣。他主要的研究是鴉片、蛇毒與中醫，這三項研究都具有一定的本土性，也可看到杜聰明對於這塊土地深切的用心。

戰後杜聰明擔任今日台灣大學的接收工作，並擔任台大醫學院院長，也陸續擔任許多職務，如一九四六年就擔任國民參政會參政員，是當時最高的民意代表。一九四七年二二八事件爆發後，杜聰明許多台大同事被捲入，後得知自己亦被列入黑名單中，躲藏許久，後台灣省政府成立，省主席魏道明聘請杜聰明擔任省府委員，才算讓其在二二八事件全身而退，他也歡喜就任。

杜聰明晚年最重要的一件事就是創設高雄醫學院（今高雄醫學大學）。因後期與台大校方不合，遂離卸台大醫學院院長一職，原先想設立藥專，解決藥師不足的問題，後來在尋找土地與經費時，高雄陳家的陳啓川答應捐出一塊十甲田地做爲校址，成爲高雄醫學院的基礎，並在各種條件均未完善下，於一九五四年十月十六日開學，以杜聰明的熱忱，在一面建校、一面教學下，慢慢步入正軌。杜聰明將其在台大未能實現的理想，在此執行，不僅倡導「樂學至上、研究第一」，更成立山地醫師醫學專修班，彌補山地醫療的不足。高雄醫學院也就在杜聰明的付出下，成爲南台灣最重要的醫學學府，至今高雄醫學大學仍以「杜聰明精神」做爲其學校立校目標，足見這位台灣第一的醫學博士，對於台灣醫學的深遠影響。

杜聰明獲頒博士學位後於臺灣農曆年前學期末返母校與眾學弟合影
（好讀出版資料庫）

無法反攻大陸的強人

蔣中正（一八八七—一九七五）

談起中華民國的歷史，有一大段必須圍繞著蔣中正打轉，他帶領中華民國成爲世界四強之一，也讓中華民國丟掉中國大陸江山，與中華民國一起來到海島台灣，回不了中國大陸。

蔣中正，字介石，浙江奉化人，早年留學日本陸軍士官學校，他的軍事才能讓其嶄露頭角。一九二四年孫中山有感於國民黨沒有軍事力量，建立黃埔軍校，由蔣中正擔任校長。孫中山死後，國民黨內多人爭奪領導地位，蔣中正成功結合孔宋家族，並帶領國民黨軍隊北伐成功，建立其領導地位；一九三七年更帶領中華民國與日本抗戰，力撐八年後逆轉戰局，獲得艱苦的勝利，此爲蔣中正最光榮的時刻。

但在獲得對日勝利後，中國共產黨展開奪權的「國共內戰」，國民黨因接收時的貪汙，導致民心向背，日軍八年打不下來的中國，蔣中正在四年內拱手讓給中國共產黨，最後只能在一九四九年黯然離開中國大陸，到達台灣。

蔣中正
（好讀出版資料庫）

蔣中正來到台灣後，痛定失痛，決心以其父子爲中心，重新建構國民黨。唯整個國際局勢不利於蔣中正，中共也積極準備攻台，不料一九五〇年爆發韓戰，原本放棄國民黨的美國重新對其支援，蔣中正終於能在台灣島上獲得喘息。

在獲得美國支持後，蔣中正透過黨內改造及臨時條款，牢牢掌握權力，並以陳誠實施土地改革、地方自治，蔣經國改造情治及軍隊，逐步穩定台灣。但蔣中正也沒想到，到了台灣一待就是這麼多年。其一九四八年就任首屆中華民國總統後，兩屆十二年任期匆匆過去，到了一九六○年，蔣中正有意要競選第三屆總統，唯根據憲法規定，中華民國總統最多僅能擔任兩屆，蔣中正的三連任，引起許多反對聲浪，後來反對最力的雷震被逮捕下獄，就不再有反對聲音。蔣中正透過增修臨時條款方式，打破限制，一再連任，最後五連任總統，成爲中華民國歷史上擔任總統時間最久的一位。

對於蔣中正而言，其最大的心願就是能夠反攻大陸，一九六一年更成立「國光計畫室」，準備反攻大陸，甚至不論韓戰或越戰，蔣中正都表達願意加入戰局的意願。然對於美國而言，已不願再捲入一場沒把握的戰爭，因此不支持蔣中正的反攻計畫，終使蔣中正一生最大的志願落空，餘生在小島上度過。

蔣中正來到台灣後，積極栽培兒子蔣經國接班，其間副手陳誠雖有意角逐，但其於一九六五年就過世，使得陳誠與蔣經國的競爭甫起步就落幕。蔣中正於一九六九年在陽明山上出了一次車禍，從此體力大爲衰退，一九七二年當選第五屆總統後，提名蔣經國擔任行政院長，實際上等同正式交棒給蔣經國，其於一九七五年逝世。

蔣中正的統治方式，仍難脫「家天下」的方式。雖然他來台後實施民主，但絕非眞心相信民主制度，從其不顧憲法，五連任總統，以及中央級民代從不改選，即可瞭解當時的民主僅是有別於共產中國的裝飾品。而從台灣四處有其「行館」、蔣中正銅像，以及每逢其誕辰，全國均須放假爲其祝壽，可知蔣中正猶是以傳統方式來塑造其統治正當性。

而他在台灣的歲月，更是念茲在茲於反攻大陸，也少見對台灣的基礎建設，因此民間對其觀感普遍不如其子蔣經國。但因其穩定了國民黨在台灣的執政，配合美援，開創台灣的經濟奇蹟，故亦有人對其感恩。這種爭議性，在陳水扁執政後期的「去蔣化」運動以降最爲突顯，其歷史地位，至今仍無法斷定。

血染的畫作

陳澄波（一八九五—一九四七）

二二八事件至今爲何爭議不休，因爲有許多台灣菁英在這次事件中喪失他們寶貴生命，這些人的專業相當傑出，若非遇此政治逆流，在人生精華時期戛然而止，肯定會有更傑出的作品，陳澄波就是一個顯著例證。

陳澄波是嘉義人，生於一八九五年，其父親陳守愚爲前清秀才，家境清寒，先入私塾就讀，直到十二歲才進入公學校就讀，後來進入台灣總督府國語學校（今台北市立教育大學）就讀，當時著名的水彩畫家石川欽一郎在該校兼課，對陳澄波有相當大的影響。畢業後陳澄波回到家鄉的嘉義公學校任教，此時他已經立志要當一名優秀畫家，因此並不滿足於安逸的教師生活，決定赴日深造美術。一九二四年，將近三十歲的陳澄波考取東京美術學院師範科，可說是位高齡學生，然由此也可看出陳澄波堅定的毅力。

陳澄波在日本就讀時十分認眞，早上在學校唸書、晚上還去學素描，週末假日則經常在東京的上野公園寫生，並請人指正。在如此辛勤練習下，他學校還沒畢業，就在一九二六年以「嘉義街外」入選日本第七屆「帝國美術展覽會」，成爲首位台灣入選的畫家，尤奠定他在畫壇上的地位。

陳澄波
（好讀出版資料庫）

陳澄波的畫作多半是以景物爲主，主要是台灣及家鄉嘉義的街景，這也可看出他對家鄉的眷念。然而爲了學習更多的繪畫技巧，他渴望到其他國家，原本設定法國，惜因經濟考量，最後前往上海學習國畫，並取得上海新華與清華兩間學校的教職，此也讓其作品受到水墨畫的影響。

但隨著中、日開戰，陳澄波在一九三三年回到台灣，一九三四年參加了台陽美術協會，這是台灣最重要的畫會之一。

一九四五年大戰結束，中華民國政府接收台灣，陳澄波從此走入另一種不同的生活型態。由於陳澄波曾居住上海，能講北京話，也對政府較爲熟悉，於是成爲嘉義市的政治代表。他先被推爲「嘉義市各界歡迎國民政府籌備委員會副主任」、「嘉義市自治協會理事」，並隨後當選嘉義市第一屆市參議員（即今嘉義市議員），讓其由藝術界轉入政壇。

陳澄波畫作〈嘉義街外（二）〉（好讀出版資料庫）

一九四七年二二八事件爆發，嘉義市也受到影響，發生動亂，軍隊退守至水上機場，陳澄波隨即被「二二八事件處理委員會」推選爲談判代表之一，前往水上機場與軍隊談判，結果六位談判代表中，僅有邱鴛鴦、劉傳能回來，其餘四人：陳澄波、潘木枝、盧炳欽、柯麟全遭拘捕，並用粗鐵線綑綁。一九四七年三月二十五日上午，這四位從嘉義市警察局沿著中山路遊街至火車站前，然後被槍斃後懸屍示眾。

陳澄波的遇害，讓許多畫家噤聲，一直到解嚴後，陳澄波的作品才被重新正視，不但在拍賣場上屢屢創下新高，許多關於陳澄波的紀念展也在各地舉行。二〇一一年，更有以陳澄波故事製作的音樂劇《我是油彩的化身——陳澄波音樂劇》做爲建國百年的節目之一，從槍決到歌頌，歷史往往令人嘆息。

心向祖國的犧牲者

鍾浩東（一九一五—一九五〇）

在日治時期，因台灣人受到日本政府的殖民高壓，許多知識分子鼓吹台灣的「民族精神」，希望早日脫離日本統治，但這個願望，大多數是寄託在「祖國」，即中華民國的身上。也因此，我們可看到前述不論林獻堂、杜聰明，都對祖國充滿憧憬，有人甚至赴大陸加入中華民國抗日，鍾浩東即是一例。

鍾浩東，本名鍾和鳴，屏東高樹人，爲知名作家鍾理和的同父異母兄弟，其成績優秀，從鹽埔公學校畢業後考上高雄州立第一中學校，受到其父親鍾蕃薯的影響，民族意識強烈，又認識同具抗日意識的蕭道應，兩人結爲好友。雄中畢業後，鍾浩東考上台北高等學校，後因日本要挑選客家青年前往廣東戰場，鍾浩東就離開台灣，前往日本，以同等學力資格考上了明治大學。

隨著中日戰爭的進展，一九四〇年，心懷祖國的鍾浩東帶著新婚妻子蔣蘊瑜（蔣碧玉，蔣渭水之女）、表弟李南鋒，好友蕭道應及其妻黃素貞（黃怡珍）前往中國，欲投靠國民黨，

鍾浩東（好讀出版資料庫）

後在廣東惠陽被國民黨軍隊扣留，並準備以「日諜」身分處決。後一位軍法官通知當時領導「東區服務隊」的台籍人士丘念台來審訊，經其保釋，後更轉至「東區服務隊」工作。鍾浩東、蕭道應、李南鋒於一九四四年跟隨丘念台至福建永安的台灣省黨部工作，後又隨丘念台回到廣東成立「台灣省黨部粵東工作團」，直到日本宣布投降。

一九四五年，鍾浩東與蔣蘊瑜回到台灣，鍾浩東擔任基隆中學校長。但鍾浩東在大陸時就已接觸共產黨，加入共產組織，到台灣後成爲共產黨的活躍分子，他也陸續安排理念相近者，進入基隆中學任職。

一九四七年，二二八事件後，共產黨在台灣的組織「台灣省工作委員會」趁著許多知識分子對國民黨的不滿，加緊發展，鍾浩東成立基隆中學支部，並且發行宣傳刊物《光明報》。《光明報》的辦報經費，是由鍾浩東賣掉房子後，在屏東媽祖廟對面開設一間「南台行」地下錢莊籌措，由鍾浩東、邱連球、邱連球堂哥邱連和，跟邱連球弟弟邱連奇負責。

一九四九年七月，中共相關組織以紀念「七七」抗戰十二週年之名，發動大規模宣傳攻勢，全島散發傳單及張貼標語，讓國民黨爲之一驚，決心大規模緝捕。八月，畢業於台大商科的王明德，因寄發《光明報》給其追求的女性而被報警逮捕，國防部保密局循線逮捕鍾浩東等人，鍾浩東於一九五〇年遭到槍決。

我們所稱的「白色恐怖」，實有其年代上的差異：一九五〇年代所逮捕、槍決者，多半是與共產黨省工委案有關，其中有許多是冤枉被捕，但也有很多是認同共黨，在那個「成者爲王、敗者爲寇」的時代，隨著國民黨的站穩腳步，他們不是投降，就是從容就義。而其中又以鍾浩東的故事，因爲小說家藍博洲的《幌馬車之歌》，以及侯孝賢電影《好男好女》爲人所熟知，亦訴說著台灣知識分子在那個動亂時代的不同抉擇。

土地改革之父

陳誠（一八九八—一九六五）

戰後中華民國政府撤退來台後，能夠快速穩定政局並積極發展，除了兩蔣的國民黨改造外，蔣中正的愛將陳誠亦功不可沒。陳誠主導的土地改革深獲民眾支持，是國民黨能夠在台灣立足的重要關鍵。

陳誠字辭修，浙江青田人，一九二二年畢業於保定軍校砲科，一九二四年進入黃埔軍校擔任砲兵教官，其表現深獲時任黃埔軍校校長的蔣中正欣賞，也扶搖直上，升任第十八軍軍長，後歷任各軍事要職。一九四五年國共內戰，陳誠負責東北戰區卻大敗，成爲國民黨戰敗之關鍵，陳誠於一九四八年黯然下台，旋赴台灣養病。

一九四九年一月，國民黨節節敗退，蔣中正被迫下野，在此之前他任命陳誠爲台灣省主席，做爲其日後撤退來台鋪路。陳誠上任後，爲杜絕共產黨來台的影響，開始實施入出境管制、戶口檢查，並於一九四九年五月二十日宣布戒嚴，同時在一九四九年四月六日包圍台大與台灣師範學院（今日的台師大），逮捕許多學生，史稱「四六事件」，以此杜絕學生運動的發展。這都奠定了日後國民政府治台的基礎。除此之外，陳誠爲能與中共政權在政治、經濟上競爭，以求在武力決戰之外建立「不敗」的基礎，於是大力推動三七五減租、地方自治與新台幣的改革。

陳誠
（好讀出版資料庫）

值得注意的是，陳誠宣布三七五減租時，由於相關的法令並不完備，推動主要是依恃其強大的企圖心及排除阻力。三七五減租只是國府在台推動土地改革的序幕，陳誠從台灣省主席到行政院長任內，持續推動的政策還包括一九五一年的公地放領，及一九五三年的耕者有其田。土地改革的結果一方面削弱了台灣的地主階級，另一方面則因將土地給予農民，取得許多農民對國民黨的支持。

除了土地改革外，地方自治也在陳誠手上起步。戰後台灣的輿論及民意機關雖然一再要求早日實施地方自治，但前兩任省主席陳儀與魏道明並沒有實施地方自治的決心，直到陳誠就任台灣省主席，才開始規劃以行政命令爲依據的地方自治，通過多項法案。之所以如此，是因陳誠認爲此舉將使其政治工作成果勝過中共政權，有利於與中共的對抗，但卻延續了台灣的地方民主，緩和民主運動者與國民黨政府間的緊張關係。

陳誠在一九四九年的一連串動作，雖也有軍事上的動作（如戒嚴），然更多關乎經濟與民生，這不僅爲國民黨來台爭取到民眾的支持，也讓陳誠在台灣開創了人生另一個高峰。其主張「人民至上、民生第一」，以及後來的石門水庫建設、「以農業培植工業、以工業發展農業」的經濟政策，俱獲得民眾好評，讓其從台灣省主席、行政院長，在一九五四年搭配蔣中正總統，當選第二屆副總統，並於一九六〇年連任第三屆副總統。

四六事件發生地——台灣師範大學（王御風攝影）

在台灣的政績，讓陳誠有更上層樓的意圖，然當時蔣中正屬意由其子蔣經國接位，陳誠與蔣經國私下較勁。而蔣中正是否該三連任總統的問題，更使陳誠與蔣中正陷入緊張關係，但陳誠在一九六五年過世，使得這些問題不致浮上檯面。其子陳履安後來出任經濟部長、國防部長、監察院長。

爲民主奮鬥的勇士

雷震（一八九七—一九七九）

台灣的民主，除了有從日本時期強調民族精神的台籍人士貢獻外，還有一批從大陸而來的自由主義者，在戰後初期的威權時代，不畏強權、爭取民主，才能迎來今日的民主成就，其中又以雷震最爲著名。

雷震，字儆寰，出生於浙江湖州長興，青年時赴日本留學，並於一九一七年加入中華革命黨，後進入京都帝國大學法學部法政學科就讀，主修憲法。

一九二六年他回到中國，曾任國民參政會副祕書長、政治協商會議祕書長、制憲國大代表兼副祕書長、行政院政務委員等，爲國民黨重要人物。

一九四九年，當國共內戰接近尾聲時，雷震即於上海與胡適、王世傑、杭立武等籌辦《自由中國》，後因上海失守未成，十一月二十日，《自由中國》半月刊在台北創刊，在美國的胡適掛名發行人，以雷震爲實際負責人。一九五〇年雷震被蔣中正聘爲國策顧問，並曾於一九五〇年、一九五一年年兩度代表蔣中正赴港宣慰反共人士，並探聽第三勢力在香港的發展情形，可見雙方關係良好。

雷震
（好讀出版資料庫）

創辦之初，這批以《自由中國》爲代表的「自由主義」者，雖不滿共產主義，也希望國民政府能落實民主化，然而在大環境下，擁護蔣中正成爲唯一選擇。但在美國介入，國府政權獲得保障後，《自由中國》開始提出許多諍言，讓國府不太高興，雙方關係漸趨緊張。

一九五五年雙方關係愈形緊繃，《自由中國》不僅沒有退縮，尤開始強化其反對黨的主張，希望能促成以民、青兩黨爲基礎，或是進而包括無黨籍獨立的政治人物及國民黨開明人士在內，組成反對黨，後更思考與台灣本土政治人物合作。兩者一旦結盟，力量必定益加強大，這也讓國府對其組新黨主張格外關切及緊張。

一九六〇年蔣中正違憲的「三連任」，更讓雙方關係劍拔弩張。雷震與台港在野人士共同連署反對蔣中正三連任總統，五月四日他發表了〈我們爲什麼迫切需要一個強有力的反對黨〉一文，鼓吹成立反對黨參與選舉以制衡執政黨。

《自由中國》雜誌選集（孫瑩萱攝影）

同年五月十八日非國民黨籍人士舉行選舉改進檢討會，主張成立新黨，要求公正選舉，實現真正的民主。決議即日起組織「地方選舉改進座談會」，隨即籌備組織中國民主黨。雷震擔任地方選舉改進座談會召集委員，與李萬居、高玉樹共同擔任發言人，新政黨（中國民主黨）的設立也到了最後關頭。如果這個新政黨設立成功，勢必會衝擊辛苦建立的「黨國體制」，於是在組黨前夕，九月四日，靈魂人物雷震被以匪諜案逮捕，判刑十年，使得組黨工作宣告失敗。

雷震雖然組黨失敗，遭誣陷下獄，但《自由中國》所傳達的自由、民主精神，卻深深影響了後來的知識分子，成爲許多民主運動者的啟蒙刊物，而《自由中國》所爭取的組黨也終於實現。雷震在獄中時，胡適曾手書南宋詩人楊萬里詩作給雷震：

萬山不許一溪奔，
攔得溪聲日夜喧。
到得頭前山腳盡，
堂堂溪水出前村。

這無疑成爲詮釋雷震精神的最佳註腳。

嚴家淦（一九〇五—一九九三）

考試時如果出道問題：「試寫出中華民國歷任的總統。」相信大部分的人答案會是：蔣中正、蔣經國、李登輝、陳水扁、馬英九、蔡英文。其實，這中間漏了一個人，就是嚴家淦。

正確來說，嚴家淦是中華民國第五任的副總統，由於當屆總統蔣中正病逝於任內，故依據憲法，由副總統繼任。當時蔣中正已將實質權力傳給蔣經國，讓其擔任行政院長，而蔣中正過世後，國民黨主席由蔣經國接任，黨政其實都由蔣經國接棒，因此在蔣中正任內聲音不多的嚴家淦，繼續冷靜地做完第五任總統的任期，再讓蔣經國擔任第六任總統。

回顧嚴家淦的一生，可發現他是戰後台灣的「最佳輔佐者」，其曾在陳儀、陳誠、蔣中正手下任職，並備受蔣經國敬重。而其財政專長，更是帶領台灣開創戰後台灣經濟奇蹟的關鍵。

嚴家淦
（行政院財政部）

嚴家淦為江蘇吳縣人，字靜波，上海聖約翰大學畢業，主修化學，兼修數學，被譽為博學多聞，日後則以財經見長。其於一九三九年曾擔任福建省財政廳長，頗受陳儀賞識，一九四五年隨之來台擔任行政長官公署交通處長。一九四七年台灣省政府成立後，擔任財政處長兼台灣銀行董事長，在其任內，適逢戰後經濟最混亂之時，如何穩定經濟、度過難關，嚴家淦實有其重要的貢獻。

一九四六年五月二十日，台灣銀行獲核准成立，發行台灣流通的紙幣，也就是我們所稱的「舊台幣」，起初面值是壹圓、五圓、拾圓，後來隨著通貨膨脹，面值逐步上揚，開始出現五仟圓、壹萬圓、拾萬圓，到了一九四九年舊台幣的晚期，甚至出現一百萬圓。而新舊台幣兌換時，更有許多民眾用布袋裝著「一袋錢」去兌換，可見當時經濟危機之深重。

當時台灣惡性通貨膨脹相當嚴重，到了六月，物價上漲率達百分之一一八九，民眾對於政府穩定經濟的信心正逐漸消失。在通貨膨脹影響下，舊台幣的信用已然完全喪失，很難繼續流通，於是在嚴家淦主持下，一九四九年六月改革幣制，用新台幣取代舊台幣，新台幣由台灣銀行發行，新舊台幣兌換率為一比四萬。

一九五〇年一月嚴家淦升任經濟部長、三月轉任財政部長，任內除繼續推動貨幣改革外，還有利率政策，加上土地改革及美援即時到來，終於讓台灣度過危機。

一九五四年嚴家淦擔任台灣省主席，任內推動省府搬遷至中興新村。一九四七年回到財經專長，歷任美援會主委、經安會副主委、財政部長，任內有效運用美援，配合計畫經濟，開創台灣經濟奇蹟。一九六三年十二月升任行政院長，一九六六年當選第四任副總統，並繼續兼任行政院長，一九七二年連任第五任副總統，但卸下行政院長一職，改由蔣經國擔任。一九七五年四月五日蔣中正過世，四月六日嚴家淦繼任總統，一九七八年其任期屆滿時，據說蔣經國曾勸嚴家淦續任，唯嚴家淦以年紀過大婉拒，一九七八年五月二十日卸任，由蔣經國繼任，即淡出政壇，於一九九三年病逝。

1949年發行的10元面額新台幣正反面
（好讀出版資料庫）

能夠在許多政治強人下任事，並贏得敬重，全身而退，且其子女中無人從事政治，嚴家淦其實有過人智慧。戰後台灣能夠走出混亂的經濟危機，兼運用計畫經濟，成功由農業轉向工業，嚴家淦這位政策執行者實在功不可沒，但因其低調，如今較少人提及。或許，今日起我們應該多多瞭解這位無聲的總統。

經濟奇蹟的舵手

尹仲容（一九〇三—一九六三）、李國鼎（一九一〇—二〇〇一）

民國三十八年政府遷台後，內外情勢均十分險峻不利。尤其是來到一個陌生的小島，縱使日本統治時期曾留下許多基礎建設及工廠，可面對大戰時期的破壞，以及新的政經局勢，如何復原？如何建設？都是極大挑戰。然而在重重困難中，卻能造就後來舉世稱讚的「台灣經濟奇蹟」，除了美援等國際因素外，最重要是一批優秀的技術官僚，齊心齊力打拚出來的成績，人才可說是台灣經濟能夠扭轉的重要關鍵。

日治時期，日人對台籍菁英主要培養醫師、教師，並無培育工業人才，技術專業人員多爲日籍。而反觀在大陸，大批年輕學子爲了對日抗戰，要學習技術，以工業救國，因此選讀理工科系，政府也以公費送其至歐美留學，尤其到抗戰中期後，中美同爲盟軍一員，政府從民國三十一年起派遣各單位高級技術人員赴美學習，這些成員中有許多在戰後來台接收，填補了日籍技術人員隨日本政府返國後的空缺，能夠讓日治時期留下來的工廠如期運作。

尹仲容
（好讀出版資料庫）

尤其是民國三十七年以後，大陸局勢動盪，更多原來在資源委員會及國營事業的青年才俊，隨著政府輾轉來台，任職於政府單位或國營事業，而日治時期遺留下來的國營事業，也成爲其一展身手的地方。如政府財經部門嚴家淦、任顯群、尹仲容、楊濟曾等；農業方面的蔣夢麟、沈宗翰、湯惠蓀、蔣彥士等；工業方面的嚴演存、孫運璿、李國鼎、趙耀東、胡新南、韋永寧等人，眾多好手齊聚一堂，開創了台灣新的經濟局面。

以台灣財經及科技最受讚譽的尹仲容及李國鼎爲例。尹仲容爲湖南邵陽人，民國十四年畢業於交通大學電機系，民國三十八年四月來台，旋即出任「台灣區生產事業管理委員會」（生管會）常務委員兼副主任委員，由於主任委員是台灣省主席兼任，因此實際業務均由尹仲容負責，後曾擔任中央信託局局長、經濟部長、行政院經濟安定委員會委員兼祕書長、台灣銀行董事長等。戰後初期台灣經濟規畫，均與其有直接關係。

李國鼎爲南京市人，民國十九年畢業於中央大學物理系，後考取公費進入英國劍橋大學，抗戰爆發後投筆從戎，民國三十七年來台擔任台灣造船公司協理，後接任總經理，民國四十二年轉任行政院經濟安定委員會工業委員會專任委員，輔助尹仲容、嚴家淦等人。其後出任經濟部長、財政部長、行政院應用科技小組召集人，未久台灣經濟轉向高科技發展，李國鼎的看法及規畫，占有重要角色。

嚴格說來，李國鼎對台灣經濟的擘劃較有貢獻，因爲尹仲容最高官位雖曾擔任經濟部長，但在任內捲入「揚子公司弊案」，僅一年六個月即去職以示清白，對台灣經濟規畫未有決定影響，然曾輔助他的李國鼎接下他的棒子，開創了世人稱譽的台灣「經濟奇蹟」。

相片中坐者左一為李國鼎
（好讀出版資料庫）

而從他們兩人背景可知，開創戰後台灣經濟奇蹟者，其爲一群年輕有衝勁、以技術專業爲主的技術官僚。而更重要的是，當時的政治環境，只要強人能夠全力支持他們，就能照其理想執行，否則如尹仲容捲入政爭，雖有一身好本領，也難以展現於世人面前。

柔性解嚴的過渡總統

蔣經國（一九一〇—一九八八）

中華民國歷任總統中，最受台灣人民肯定者首推蔣經國。蔣經國一生遭遇頗爲傳奇，此種種讓他在晚年能做出許多對台灣影響甚深的決定。

蔣經國是蔣中正與其元配毛福梅所生的長子。年輕時正逢蘇聯革命浪潮襲捲全球，蔣經國於是向蔣中正要求，能夠到蘇聯去學習，蔣中正也答應，讓他到莫斯科中山大學留學。其在蘇聯讀書期間，蔣中正與中國共產黨正式決裂，禍及在蘇聯的蔣經國，被一路下放到西伯利亞的工廠。蔣經國最後也在蘇聯娶妻生子，與白俄羅斯姑娘蔣方良結婚，打算就此落地生根，不料「西安事變」後，蔣中正再度與共產黨合作，蔣中正遂要求蘇聯將他兒子送回中國，蔣經國才回到家鄉。

蔣經國返國後，蔣中正開始細心栽培他，先任江西省第四區（贛南地區）行政督察專員兼區保安司令，後轉任三民主義青年團組訓處處長等職務，雖然都頗

蔣經國
（好讀出版資料庫）

有建樹，也看出蔣經國的才幹及理想，唯面對國民黨內派系的掣肘，蔣經國往往志不能伸。其中最著名爲國共內戰末期，全中國人民對國民黨貪汙感到不滿時，蔣中正派蔣經國赴上海整飭貪汙、「打老虎」，但碰到後台更硬的宋美齡親人「孔宋家族」，蔣經國最後鎩羽而歸，而中國國民黨的大陸江山亦就此宣告不救，蔣經國與其父親蔣中正飛來台灣。

蔣中正來到台灣後，痛定思痛，覺得大陸失守，主要原因出在國民黨內派系的紛雜，於是到台灣後將全部派系趕離政治中心，建立由蔣中正爲核心的領導中樞。除了蔣中正外，眞正執行

者為陳誠與蔣經國，雖然表面上陳誠為副總統及行政院長，最具接班架勢，但實際上，城府頗深的蔣經國卻是鴨子划水：他先掌管情報系統，後出任國防部副部長、國防部部長到行政院副院長，黨、政、軍、情的歷練，就是為接班做準備。

一九七二年蔣中正當選第五屆總統，蔣經國出任行政院長，隨後蔣中正發生車禍，身體狀況欠佳，權力逐步移轉給蔣經國，蔣經國亦趁此開啓一連串新政，象徵新時代的開始。其時外交、內政、經濟均遭逢危機，一九七一年中華民國退出聯合國、一九七二年美國總統尼克森訪中國大陸、一九七三年爆發的石油危機，還有黨外人士要求政府落實眞正的民主。

面對石油危機，蔣經國採用擴大內需的方式，進行「十大建設」來挽救，這是國民政府在台灣主政以來首次大規模建設台灣，也確實讓台灣產業獲得喘息。至於黨外人士的進逼，蔣經國則透過增額選舉讓許多政治反對者有機會進入國會。人事上開始重用台籍人士，抒解台籍人士對政治的不滿。但一九七九年的中美建交及美麗島事件，又讓蔣經國的晚年陷入長考。

一九八六年九月二十八日，黨外突然宣布成立「民主進步黨」，蔣經國對此明白表示將開放黨禁，並在一九八七年七月十五日解除長達三十八年的戒嚴令、十一月開放探親、翌年一月開放報禁，而長期受病魔纏身的蔣經國，在其晚年用最後餘力完成這些改革開放後，於一九八八年一月十三日病逝。

蔣經國的一生，從中國、蘇聯到台灣，一直面對挑戰、回應問題。而他人生的顛峰，是最後十六年在台灣擔任行政院長及總統，同樣也碰到許多問題，石油危機、中美斷交、黨外崛起。他卻在生命的終點，用了相當難得的毅力，解除戒嚴、開放黨禁、開放探親，打開了台灣的新時代，對於台灣的影響可謂深遠流長。

台灣新電影的舵手

楊德昌（一九四七—二〇〇七）

看電影是台灣民眾最重要的休閒活動之一，台灣電影長期以來，多以商業片爲主，除了以政治目的出發者，較少有對人生議題深刻思考。直到一九八〇年代的台灣新電影運動，才將台灣電影帶入另一個不同的境界，也讓台灣電影在國際影展中屢獲大獎，成爲代表台灣的藝術作品。

台灣進入新電影時代之關鍵點是一九八二年的《光陰的故事》，這是一部由陶德辰、楊德昌、柯一正、張毅四位導演合力完成的一部影片，每位導演執導其中一段。這部影片的自然寫實風格，以及文學氣質，有別於以往的影片，因此被公認爲是「台灣新電影」的第一部電影，新電影的運動就此展開。

楊德昌
（電影《獨立時代》宣傳冊照片，圖片來源：達志影像／提供授權）

台灣新電影之所以有別於傳統的電影，其實是因爲聚集了一些與以往電影工作者背景不同的導演、編劇參與。以參與《光陰的故事》的楊德昌爲例，其爲交通大學控制工程系畢業，在佛羅里達大學獲得電機工程碩士，後因喜愛電影赴南加大學習研究電影一年，返台後經由電視影集嶄露頭角，後成爲台灣新電影的要角。

台灣新電影與以往電影最大的分野，在於著重呈現眞實的人生，而非誇張的戲劇性人生，因此在演員上亦偏好業餘演員，而不是職業演員。如此雖然捕捉到眞實的台灣，但對於希望看到轟轟烈烈愛情、大規模特效的觀眾，卻是毫無吸引力，因此不但票房不佳，更引起傳統派的導演及影評人抨擊其玩完台灣電影，掀起「商業片」與「藝術片」的論戰，導致這些在國際得獎無數的作品，國內不僅票房不理想，甚至連影評也罵聲連連。

面對台灣新電影面臨的問題，一九八六年，在楊德昌四十歲的生日宴會中，許多人有感而發，後委由詹宏志撰寫一篇〈台灣電影宣言〉，抨擊國家、媒體、影評人。此宣言在一九八七年一月刊出後，引起軒然大波，而實際上，在此宣言後，台灣新電影的工作者也漸行漸遠，楊德昌稱此爲「結束的開始」。而這篇宣言，被著名的法國電影筆記選爲電影史上最重要的事件之一，足見台灣新電影的地位。

身爲台灣新電影中最著名的導演之一，楊德昌最擅展現台北都會的人際與情感，與另外一位重要導演侯孝賢的鄉村主題截然不同，尤可看出兩人背景殊異。楊德昌導演著名作品有《光陰的故事》、《海灘的一天》、《青梅竹馬》、《恐怖分子》、《牯嶺街少年殺人事件》、《麻將》、《獨立時代》、《一一》，並以《一一》獲得坎城影展最佳導演。但遺憾的是，這部作品因爲楊德昌不願意在台匆匆上映，雖然獲得大獎，一直到楊德昌過世後十周年（二〇一七年）才正式在台上映。

楊德昌後期進軍網路動畫事業，但可惜在二〇〇七年因病過世，無法留下更多作品，然其所代表的台灣新電影，已被公認是台灣藝術的重要代表，也才有後繼多人，開展出台灣更多優良的電影作品。

【台灣電影宣言】（節錄）

……我們認為，屬於商業活動範圍的電影，自有經濟法則的支援與淘汰（成功的商業電影自票獲得到報償，失敗的商業電影在錯誤的投資中得到教訓）。這一切，都不勞文化政策的管理單位或知識界的意見領袖來費心。

但是，另一種電影（那些有創作企圖、有藝術傾向、有文化自覺的電影），它們對社會文化的整體貢獻可能更大，而它們能掌握的經濟資源則可能更匱乏；這個時候，文化政策、輿論領域、評論活動才找到他們應該關心、應該支持、應該聲援的對象……。

除了我們所期待的改變以外，我們尚在此表達我們的決心。我們相信電影有很多可能的作為，我們要爭取商業電影以外「另一種電影」存在的空間……

棒壇永遠的教官

曾紀恩（一九二二—二〇一二）

棒球是台灣的國球，之所以會受到本地民眾萬千喜愛，正因有許多爲棒球奉獻一生的人物。其中被稱爲「教官」的曾紀恩教練，生涯貫穿三級棒球、業餘棒球及職業棒球，最能代表台灣棒球的發展。

曾紀恩是屏東縣內埔鄉美和村人，其生於一九二二年，後加入日軍，爲零式戰鬥機維修員，戰後在國軍繼續擔任飛機維修員。由於其精於棒球，遂成爲空軍棒球隊的創隊隊員、隊長與教練，後來以空軍教官身分轉任空軍虎風棒球隊教練，這也是「教官」外號之由來。

曾紀恩爲人所知是在他退休後擔任美和中學棒球隊教練，這支球隊的成立頗具戲劇化。戰後來台的國民政府，在中國大陸時期對於棒球並不熟悉也不喜愛，來台後對民間流行的棒球運動也未多加注意，直到沒沒無聞的台東紅葉少棒隊於一九六八年擊敗

曾紀恩（右）
（兄弟象股份有限公司提供）

來訪的日本少棒明星隊隊，掀起民間一陣狂潮，隔年（一九六九年）的金龍少棒隊更一舉拿下世界冠軍，凱旋歸國時萬人空巷。這一盛況景象使政府意識可以運用此運動強化國內凝聚力，故將這批小球員直接保送至總統夫人蔣宋美齡所經營的華興中學就讀，成爲日後青少棒及青棒的主力。

一九七〇年的七虎棒球隊也在國人高度期待下赴美比賽，卻不料敗給尼加拉瓜代表隊，僅獲第五名歸國，由於規定僅有世界冠軍才能保送華興中學，使得這批球員不知何去何從。剛好當時美和中學創辦人徐傍興博士等人爲響應棒球熱，於一九七〇年舉

辦高屏地區客家六堆少棒賽，計劃要選拔優秀的球員並成立青少棒球隊，加上高雄中央獅子會的贊助，就留下七虎棒球隊八位主力球員，加上其他球員，成立了美和中學棒球隊。

美和中學棒球隊在成立初期並不順遂，原七虎棒球隊的主力球員第二年遭到華興中學挖角，全隊險些解散，所幸在徐傍興的堅持下持續經營，此刻又剛好碰上了空軍棒球隊遷移至屏東訓練，而徐傍興與當時的空軍棒球隊曾紀恩教練既是同鄉又是舊識，特聘其爲美和隊的教練。透過曾紀恩教練吸收許多明星球員加入，美和中學棒球隊終於在一九七二年擊敗華興中學，代表台灣贏得第一次的世界青少棒冠軍，尤奠定後來棒球界「北華興、南美和」的對抗，此爲台灣職棒運動開啓之前，最膾炙人口的棒球對抗組合之一。

曾紀恩在一九八四年受邀擔任新成立的兄弟棒球隊總教練，在其執教下，兄弟棒球隊成爲最受歡迎的業餘球隊。一九九〇年中華職棒開打，兄弟也成爲四支創始球隊之一，曾紀恩繼續擔任總教練，兄弟隊延續業餘時代的人氣，成爲職棒中最受歡迎的球隊，也是從職棒創辦以來，至今仍存在的兩支元老球隊之一。

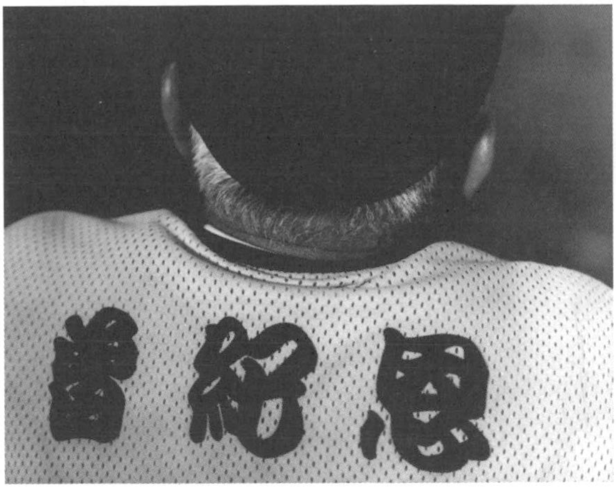

曾紀恩背影（兄弟象股份有限公司提供）

兄弟隊的魅力，有許多是來自於曾紀恩嚴謹的治軍，其鐵血、認眞的形象，也成爲兄弟隊深烙人心的一部分，因此在曾紀恩一九九一年宣布引退後，仍擔任兄弟隊的副領隊。二〇一二年，曾紀恩因腦中風在家中浴室滑倒而過世，同年兄弟象跟著宣布其「六十七號」背碼永遠退休，表達對曾紀恩教練的懷念。他的一生，亦代表台灣棒球發展的縮影。

【附錄】

（一）荷蘭歷任台灣長官

任序	姓名	任職時間	備註
1	宋克 Martinus Sonk	1624-1625	
2	德・韋特 Gerrit F. de Widt	1625-1627	代理
3	諾伊茲 Pieter Nuyts	1627-1629	
4	朴特曼 Hans Putmans	1629-1636	
5	范德堡 Johan Van der Burgh	1636-1640	
6	楚尼斯 Paulus Traudenius	1640-1643	
7	陸美爾 Maximiliaen le Maire	1643-1644	議長
8	卡隆 Francois Caron	1644-1646	
9	歐瓦特 Pieter A. Overtwater	1646-1649	
10	傅爾堡 Nicolaes Verburgh	1649-1653	
11	凱薩 Cornelis Caesar	1653-1657	
12	揆一 Frederick Coyett	1657-1662	

資料來源：司馬嘯青，《台灣荷蘭總督》，頁3-4。

（二）歷任台灣巡撫

任序	姓名	任職時間	備註
1	劉銘傳	1885-1891	
2	沈應奎	1891-1891	以福建台灣承宣布政使護理
3	邵友濂	1891-1894	
4	唐景崧	1894-1895	

（三）日治時期歷任台灣總督

初期武官總督表

任序	總督	任職時間	軍籍（任內晉升）	民政長官	任職時間
1	樺山資紀	1895.5.10	海軍大將	水野　遵	1895.5.21
2	桂　太郎	1896.6.2	陸軍中將	水野　遵	留任
3	乃木希典	1896.10.14	陸軍中將	水野　遵 曾根靜夫	留任 1897.7.20
4	兒玉源太郎	1898.2.26	陸軍中將（大將）	後藤新平	1898.3.2
5	佐久間左馬太	1906.4.11	陸軍大將	後藤新平 祝　辰已 大島久滿次 宮尾舜治（代） 內田嘉吉	留任 1908.5.22 1908.5.30 1910.7.27 1910.8.22
6	安東貞美	1915.4.30	陸軍大將	內田嘉吉 下村　宏	留任 1915.10.20
7	明石元二郎	1918.6.6	陸軍中將（大將）	下村　宏	留任

資料來源：黃昭堂，《台灣總督府》，頁72。

文官總督表

任序	總督	任職時間	總務長官	任職時間	台灣軍司令	任職時間
					明石元二郎	1919.8.20
8	田　健治郎	1919.10.29	下村　宏 賀來佐賀太郎	留任 1921.7.11	柴　五郎 福田雅太郎 鈴木莊六	1919.11.1 1921.5.3 1923.8.7
9	內田嘉吉	1923.9.6	賀來佐賀太郎	留任		
10	伊澤多喜男	1924.9.1	後藤文夫	1924.9.22	菅野尚一	1924.8.20
11	上山滿之進	1926.7.16	後藤文夫	留任	田中國重	1926.7.28
12	川村竹治	1928.6.15	河原田稼吉	1928.6.26	菱刈　隆	1928.8.10
13	石塚英藏	1929.7.30	人見次郎	1929.8.3	渡邊錠太郎	1930.6.2
14	太田政弘	1931.1.16	高橋守雄 木下　信 平塚廣義	1931.1.17 1931.4.15 1932.1.13	真崎甚三郎 阿部信行	1931.8.1 1932.1.9
15	南　弘	1932.3.2	平塚廣義			
16	中川健藏	1932.5.27	平塚廣義		松井石根 寺內壽一 柳川平助 畑　俊六	1933.8.1 1934.8.1 1935.12.2 1936.8.1

資料來源：黃昭堂，《台灣總督府》，頁114-115。

後期武官總督表

任序	總督	任職時間	總務長官	任職時間	台灣軍司令	任職時間
17	小林躋造	1936.9.2	森岡二郎	1936.9.2	古莊幹郎 兒玉友雄 牛島實常	1937.8.1 1937.9.8 1939.8.1
18	長谷川　清	1940.11.27	齋藤　樹	1940.11.27	本間雅晴 安藤利吉	1940.12.15 1942.4.13
19	安藤利吉	1944.12.30	成田一郎	1945.1.6	（十方面軍）	1944.9.22

資料來源：黃昭堂，《台灣總督府》，頁165。

（四）中華民國歷任總統、副總統

屆序	總統	副總統	任職時間	備註
1	蔣中正	李宗仁	1948.5.20-1949.1.21	蔣中正於1949.1.21辭職下野。
1	李宗仁		1949.1.21-1950.3.1	因總統蔣中正辭職，副總統李宗仁代理職務。
1	蔣中正		1950.3.1-1954.5.20	中華民國政府於1949年12月8日遷台，代理總統李宗仁未來台，蔣中正於1950年3月1日復行視事。
2	蔣中正	陳誠	1954.5.20-1960.5.20	
3	蔣中正	陳誠	1960.5.20-1966.5.20	
4	蔣中正	嚴家淦	1966.5.20-1972.5.20	
5	蔣中正	嚴家淦	1972.5.20-1975.4.5	總統蔣中正於1975年4月5日去世。
5	嚴家淦		1975.4.6-1978.5.20	因總統蔣中正去世，副總統嚴家淦繼任。
6	蔣經國	謝東閔	1978.5.20-1984.5.20	
7	蔣經國	李登輝	1984.5.20-1988.1.13	總統蔣經國於1988年1月13日去世。
7	李登輝		1988.1.13-1990.5.20	因總統蔣經國去世，副總統李登輝繼任。
8	李登輝	李元簇	1990.5.20-1996.5.20	
9	李登輝	連戰	1996.5.20-2000.5.20	修憲後改由公民直選，任期改為四年。
10	陳水扁	呂秀蓮	2000.5.20-2004.5.20	首度政黨輪替。
11	陳水扁	呂秀蓮	2004.5.20-2008.5.20	
12	馬英九	蕭萬長	2008.5.20-2012.5.20	二度政黨輪替。
13	馬英九	吳敦義	2012.5.20-2016.5.20	
14	蔡英文	陳建仁	2016.5.20-2020.5.20	三度政黨輪替
15	蔡英文	賴清德	2016.5.20迄今	

製表：王御風

參考書目（依作者筆畫順序排列）

二二八事件研究小組，《二二八事件研究報告》（台北：時報，1994年）。

文仲瑄、王御風、沈超群、李宛澍、陳慧敏，《荏苒流光—中華民國百年經濟發展》（臺北：經濟部，2011年）。

王美玉主編，《台灣久久　台灣百年生活印記》（台北：時報，2011年）。

王泰升，《台灣日治時期的法律改革》（台北：聯經，1999年）。

王御風，《圖解台灣史》（台中：好讀出版社，2010年）。

王御風，《鳳山雙城記》（台北：玉山社，2012年）。

王御風、李育琴、許瑞君、郭漢辰合著，《走出六堆的暗夜：白色封印故事》（屏東：屏東縣政府客家事務處，2012年）。

王惠君、二村悟，《老建築好故事》（台北：台灣東販，2011年）。

方豪，《台灣早期史綱》（台北：學生書局，1994年）。

司馬嘯青，《台灣五大家族》（台北：玉山社，2000年）。

司馬嘯青，《荷蘭台灣總督》（台北：玉山社，2009年）。

江仁傑，《解構鄭成功》（台北：三民，2006年）。

江樹森，《鄭成功和荷蘭人在台灣的最後一戰及換文締和》（台北：漢聲，1992年）

李壬癸，《台灣平埔族的歷史與互動》（台北：常民文化，1997年）。

李壬癸，《台灣南島民族的族群與遷徙》（台北：常民文化，1997年）。

李筱峯，《台灣戰後初期的民意代表》（台北：自立，1986年）。

吳文星，《日據時期台灣社會領導階層之研究》（台北：正中，1992年）。

吳密察，《台灣近代史研究》（台北：稻鄉，1991年）。

吳學明，《近代長老教會來台的西方傳教士》（台北：日創社，2007年）。

沈孟穎，《咖啡時代—台灣咖啡館百年風騷》（台北：遠足文化，2005年）。

林佩欣，《圖解台灣史》（台北：五南，2012年）。

林芬郁、沈佳姍、蔡蕙頻，《沒有電視的年代》（台北：貓頭鷹，2012年）。

林柏維，《台灣文化協會滄桑》（台北：臺原，1993年）。

林偉盛，《清代台灣社會與分類械鬥：羅漢腳》（台北：自立，1993年）。

林博文，《1949：石破天驚的一年》（台北：時報，2009年）。

林滿紅，《茶、糖、樟腦業與台灣之社會經濟變遷（1860-1895）》（台北：聯經，2008年）。

林繼文，《日本據台末期（1930~1945）戰爭動員體係之研究》（台北：稻鄉，1996年）。

茅家琦，《蔣經國的一生和他的思想演變》（台北：商務，2003年）。

范雅鈞，《台灣酒的故事》（台北：貓頭鷹，2002年）。

周婉窈，《台灣歷史圖說》（台北：聯經，2002年）。

周婉窈，《海行兮的年代》（台北：允晨，2004年）。

若林正丈著，賴香吟譯，《蔣經國與李登輝》（台北：遠流，1998年）。

若林正丈著，洪金珠、許佩賢譯，《台灣—分裂國家與民主化》（台北：月旦，2000年）。

若林正丈著，台灣史日文史料典籍研讀會譯，《台灣抗日運動史研究》（台北：播種者，2007年）。

施添福，《清代在台漢人的祖籍分布和原鄉生活方式》（台北：國立台灣師範大學地理系，1991年）。

涂照彥著，李明峻譯，《日本帝國主義下的台灣》（台北：人間，2003年）。

胡佛，《政治變遷與民主化》（台北：三民，1998年）。

莊永明，《台灣百人傳》（台北：時報，2000年）。

島嶼柿子文化館，《台灣百人傳》（台北：柿子文化，2004年）。

張炎憲、李筱峰、莊永明編，《台灣近代名人誌》（台北：自立，1987年）。

張炎憲、李筱峰、戴寶村編，《台灣史論文精選》（台北：玉山社，1996年）。

陳其南，《台灣的傳統中國社會》（台北：允晨，1991年）。

陳柔縉，《台灣西方文明初體驗》（台北：麥田，2005年）。

陳柔縉，《囍事台灣》（台北：東觀國際，2007年）。

陳柔縉，《台灣摩登老廣告》（台北：時報，2008年）。

陳柔縉，《人人身上都是一個時代》（台北：時報，2009年）。

陳柔縉，《台灣幸福百事》（台北：時報，2011年）。

陳翠蓮，《派系鬥爭與權謀政治—二二八悲劇的另一面向》（台北：時報，1995年）。

陳鴻圖，《嘉南平原水利事業的變遷》（台南：台南縣政府，2009年）。

許佩賢，《殖民地台灣的近代學校》（台北：遠流，2007年）。

許雪姬，《洋務運動與建省—滿大人最後的二十年》（台北：自立，1993年）。

黃典權，《鄭成功史事研究》（台北：商務，1996年）。

黃富三，《霧峰林家的興起》（台北：自立，1987年）。

黃富三，《霧峰林家的中挫》（台北：自立，1992年）。

黃富三，《美麗島事件》（南投：台灣省文獻會，2001年）。

黃嘉樹、程瑞，《台灣政治與選舉文化》（台北：博揚文化，2001年）。

黃慧貞，《日治時期臺灣「上流階層」興趣之探討》（台北：稻鄉，2007年）。

曹永和，《台灣早期歷史研究》（台北：聯經，1985年）。

曹永和，《台灣早期歷史研究續集》（台北：聯經，2000年）。

辜振豐，《布爾喬亞》（台北：果實，2003年）。

辜振豐，《時尚考》（台北：果實，2004年）。

焦桐，《臺灣肚皮》（台北：二魚文化，2012年）。

傅朝卿、詹伯望，《圖說鄭成功與台灣文化》（台南：台灣建築與文化資產，2006年）。

楊友庭，《明鄭四世興衰史》（江西：江西人民出版社，1991年）。

楊彥杰，《荷蘭時代台灣史》（台北：聯經，2000年）。

楊惠卿，《正港台灣味》（台北：上旗文化，2005年）。

照史，《高雄人物評述》（高雄：春暉，1985年）。

蔡明雲主編，《台灣百年人物誌》（台北：玉山社，2005年）。

蔡蕙如，《與鄭成功有關的傳說之研究》（台南：台南市文化中心，1998年）。

劉志偉，《美援年代的鳥事並不如煙》（台北：大雁，2012年）。

劉進慶著，王宏仁、林繼文、李明峻譯，《台灣戰後經濟分析》（台北：人間，1995年）。

劉進慶、涂照彥、隅谷三喜男著，雷慧英、吳偉建、耿景華譯，《台灣之經濟—典型NIES之成就與問題》（台北：人間，1995年）。

鄭牧心，《台灣議會政治40年》（台北：自立，1988年）。

鄭梓，《戰後台灣議會運動史之研究—本土精英與議會政治（1946~1951）》（作者自印，1993年）。

鄭梓，《戰後台灣的接收與重建》（台北：新化，1994年）。

賴福順，《鳥瞰清代台灣的開拓》（台北：日創社文化，2007年）。

薛化元，《自由中國與民主憲政》（台北：稻鄉，1996年）。

簡炯仁，《台灣民眾黨》（台北：稻鄉，2001年）。

簡炯仁，《台灣共產主義運動史》（台北：前衛，1997年）。

謝仕淵，《台灣棒球一百年》（台北：果實，2003年）。

謝國興，《清代台灣三大民變：官逼民反》（台北：自立，1993年）。

戴國煇、葉芸芸，《愛憎228》（台北：遠流，1992年）。

戴寶村，《帝國的入侵—牡丹社事件》（台北：自立晚報，1993年）。

戴寶村，《陳中和家族史》（台北：玉山社，2008年）。

戴寶村、蔡承豪，《縱貫環島·台灣鐵道》（台北：國立台灣博物館，2009年）。

戴寶村，《台灣的海洋歷史文化》（台北：玉山社，2011年）。

藍博洲，《幌馬車之歌》（台北：時報，2004年）。

藍博洲，《白色恐怖》（台北：揚智，1993年）。

龔宜君，《外來政權與本土社會—改造後國民黨政權社會基礎的形成（1950-1969）》（台北：稻鄉，1998年）。

彭慕蘭（Kenneth Pomeranz）、史提夫·托皮克（Steven Topik）著，黃中憲譯，《貿易打造的世界》（台北：如果，2007年11月）。

Marc Levinson著，吳國卿譯，《箱子：貨櫃造就的全球貿易與現代經濟生活》（台北：財信，2009年）。

高棣民（Thomas Gold）著，艾思明譯，《台灣奇蹟》（台北：洞察，1987年）。

卜正民（Timothy Brook）著，黃中憲譯，《維梅爾的帽子》（台北：遠流，2009年）。

Tom Standage著，楊雅婷譯，《歷史大口吃》（台北：行人，2010年）。

歐陽泰（Tonio Andrade）著，鄭維中譯，《福爾摩沙如何變成台灣府？》（台北：遠流，2007年）。

國立中央圖書館台灣分館，《台灣學通訊45：專賣制度》。台北：國立中央圖書館台灣分館（2010）。

詹宏志，〈30年後〉，《壹週刊》No.584-595（2012）。

維基百科　http://zh.wikipedia.org/wiki/Wikipedia

台灣大百科全書　http://taiwanpedia.culture.tw

國家圖書館出版品預行編目資料

一本就懂台灣史／王御風著.
—— 初版.—— 臺中市：好讀, 2020.09
面：　公分，——（一本就懂；8）
ISBN 978-986-178-526-4（平裝）
1.臺灣史
733.21　　109010738

好讀出版
一本就懂08

一本就懂台灣史【修訂新版】

作　者／王御風
繪　圖／余正隆、許燕淩
總 編 輯／鄧茵茵
文字編輯／林碧瑩、莊銘桓
行銷企劃／劉恩綺
發 行 所／好讀出版有限公司
台中市407西屯區何厝里19鄰大有街13號
TEL:04-23157795　FAX:04-23144188
http://howdo.morningstar.com.tw
(如對本書編輯或內容有意見，請來電或上網告訴我們)
法律顧問／陳思成律師

線上讀者回函
更多好讀資訊

戶名：知己圖書股份有限公司
劃撥專線：15060393
服務專線：04-23595819 轉230
傳真專線：04-23597123
E-mail：service@morningstar.com.tw
如需詳細出版書目、訂書、歡迎洽詢
晨星網路書店 http://www.morningstar.com.tw

印刷／上好印刷股份有限公司
二版／西元2020年9月1日
二版二刷／西元2022年9月1日
定價：300元
如有破損或裝訂錯誤，請寄回台中市407工業區30路1號更換（好讀倉儲部收）

Published by How Do Publishing Co., Ltd.
2022 Printed in Taiwan

ISBN 978-986-178-526-4